L'ÉCOLE

DU

SENS COMMUN

PAR

UN PAYSAN

> La loi, c'est l'amour.....
> Eug. BORDAS.

2

PARIS
LIBRAIRIE ANDRÉ-SAGNIER,
7, CARREFOUR DE L'ODÉON, 7.

1872

L'ÉCOLE

DU

SENS COMMUN.

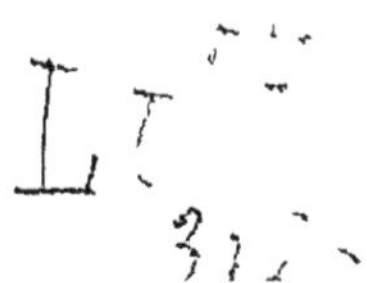

DU MÊME AUTEUR

L'HOMME SOCIABLE & L'HOMME ANIMAL,

Roman philosophique

(en préparation)

Orléans. — Imp. RABIER, rue de la Hallebarde, 19.

L'ÉCOLE
DU
SENS COMMUN

PAR

UN PAYSAN

La loi, c'est l'amour.....
Eug. BORDAS

PARIS
LIBRAIRIE ANDRÉ SAGNIER,
7, CARREFOUR DE L'ODÉON, 7.

1872

PRÉFACE

Orléans, décembre 1871.

Si je cède, comme tant d'autres, à cette passion du jour qui fait trop souvent gémir la presse, on ne pourra me reprocher d'avoir subi une influence frivole ou malsaine, car je vais essayer, cher lecteur, de vous faire entendre quelques paroles d'amour et d'espérance au milieu du grand deuil de la Patrie. Dans le cas où mon travail vous paraîtrait insuffisant, ne soyez trop sévère, pardonnez en faveur des bonnes intentions. Je n'ai certes jamais eu la prétention d'être un savant, un lettré. Je ne me présente que comme un homme de bonne volonté ; et, mes seuls auxiliaires ont été mon bon sens, ma droiture appuyée de quelques études faites à la hâte, pendant que les difficultés de la vie me pressaient de tous côtés. Je n'en crois pas moins avoir cent fois raison contre mes adversaires : soyez donc assez bon pour m'écouter jusqu'au bout, si vous voulez en juger.

Aux yeux d'un observateur juste et sérieux, c'est vraiment un spectacle étrange que l'état actuel de notre société; il est vrai que si l'on compare cet état fâcheux à celui qui l'a précédé, on trouvera assurément une amélioration relative, un progrès indéniable; mais la route à parcourir est encore longue, fatigante, avant d'arriver au port où nous pouvons, où nous devons toucher. « Aide-toi, le ciel t'aidera ! » doit toujours être notre devise. Ne l'avons-nous pas, hélas, beaucoup trop oubliée? Voyons d'un peu haut la réalité des choses, tâchons de peser les résultats obtenus dans le domaine de l'esprit : nous verrons l'intelligence sérieuse fort peu développée, un manque d'application, de logique surtout, vraiment inquiétant; et, dans ce désarroi de spéculations intellectuelles, l'homme bien intentionné, ne savoir plus à quel saint se vouer.

Ce n'est pas qu'en France une certaine clairvoyance ne soit commune, que l'esprit gaulois se soit beaucoup affaibli. Tel individu qui, sur le terrain de la sociabilité, ne craint pas de se mettre au rang des brutes, se montre sur un terrain particulier plein de finesse, se livre à mille tours propres à faire battre des mains à la galerie, quoiqu'elle en soit victime. D'où vient cette anomalie? Il faut en chercher la cause dans le défaut d'étude et principalement dans la manière dont ces études incomplètes sont présentées. On croirait, en vérité, que les instituteurs sont chargés de tout embrouiller, de ne faire apprendre que des mots sans donner les solutions radicales, c'est une confusion à ne plus rien distinguer. Puis, les prétendus moralistes s'écrient : — l'anarchie coule à plein bord; à qui la faute? Quand on a semé le désordre, peut-on recueillir l'harmonie!

Deux sectes surtout concourent à propager, à conserver cette confusion, celles du Jésuitisme et de l'Eclectisme, quoiqu'elles soient dans deux camps très-opposés, et qu'elles aient chacune leur méthode applicable à la matière sur laquelle elles doivent opérer. Le Jésuite, sous les plus singuliers déguisements, veut s'imposer envers et contre tout ; pour lui, la fin justifie tous les moyens. Hors son Eglise, point de salut ! Son rival, au contraire, n'est jamais bien sûr de ce qu'il dit, ni jusqu'où il doit aller. Du reste, il est plein d'urbanité, ne cherche qu'à se faire jour par des manœuvres habiles et douces. Il veut plaire à tout le monde, est perplexe, quoiqu'il cherche à tout expliquer, tout excuser. Il se garde d'avoir aucune croyance robuste en dehors de son *moi* préféré. Peu de zèle, peu de zèle, est son mot favori : aussi insinue-t-il qu'il faut laisser l'enthousiasme aux niais. Il se contente de *choisir,* sans qu'il ait pu nous dire, jusqu'ici, d'une manière précise, ce qu'il fallait préférer ; enfin, c'est l'école de l'égoisme sous le plus brillant vernis. Eh ! parbleu, que l'éclectisme, pour avoir jeté un si grand éclat, ait eu sa raison d'être, je ne le nie pas ; mais son heure doit être passée : il ne s'agit plus seulement aujourd'hui de chercher, de choisir timidement, il faut éduquer, il faut dogmatiser !

Que l'on veuille suivre la méthode pédagogique de ces coureurs de canapé, on sera frappé de la préférence qu'elle accorde à l'instruction sur l'éducation, lorsque celle-ci devrait avoir la première place, et si d'ailleurs ces deux sœurs jumelles pouvaient être jamais séparées. Quoiqu'il en soit, l'éclectique prise avant tout la science. Il est vrai qu'avec la science on peut faire d'habiles gens, et que la bonne éducation fait les bons citoyens : c'est pourquoi l'une peut s'adresser à tous, tandis que l'autre n'est guère accessible qu'à quelques-uns. C'est l'éducation qui produit la foi, qui dispense la loi de la morale, le devoir absolu. L'instruction n'est qu'un appendice, un moyen de vérification dont la plupart des membres de la société pourraient presque se passer, sans pour cela cesser d'être sociables. En résumé, l'instruction est une arme dont l'individu peut se servir à son seul profit, lorsqu'au contraire l'éducation impose le sacrifice au profit de la communauté. Qu'on juge de la différence au milieu d'une société aussi divisée que la nôtre.

Si l'on veut creuser le fond de la question

pour savoir la principale cause de ce cruel malaise, on la trouvera dans le principe même qui préside à la distribution d'un genre d'éducation vermoulu, sapé à sa base; en effet, un parti qui ne veut rien oublier, rien apprendre, tient absolument à conserver ce principe purement catholique, lorsqu'il ne fonctionne plus qu'à la surface; car il y aurait folie de croire que ce reverdissement de réaction catholique, dont une faction cherche à faire grand bruit, ait aucune racine profonde. On ne restaure pas une religion qui finit, on ne peut tout au plus que reblanchir son sépulcre; on ne ressuscite pas des idoles dont on rit depuis plus de trois cents ans. Enfin, que les énergumènes du Vatican ne s'abusent pas, car, tout ce qu'ils peuvent voir en ce moment n'est qu'une espèce de prurit qui passera avec la fièvre de peur dont il est sorti. Ces accès ne prouvent tout au plus que ce besoin de croire, d'exprimer sa croyance, même sous une formule ridicule, pour ces cœurs simples et tendres, sympathiques et dévoués, près desquels se groupent malheureusement les pervers, les lâches, les ignares, les désœuvrés, les ennuyés, les endormeurs. Oui, tout ce que ces velléités de restauration catholique pourront produire sera de surexciter les tendances irrésistibles vers la recherche du vrai culte en rapport avec nos sentiments; car un peuple ne peut exister sans religion, au moins on n'en a jamais connu; tant l'homme est par nature, religieux, sociable, raisonnable. — « Est-ce que la religion, dit le chantre d'Athènes, n'est pas l'histoire allégorique de la nature? »

Pendant que nos âmes soupirantes attendent la légende de la nouvelle histoire, messieurs les Jésuites, ces meneurs du catholicisme expirant, ne craignent pas de fronder toutes les aspirations de la modernité, de jeter le trouble partout où ils peuvent mettre le pied. Tentative vaine, insensée, puisque des rangs même de la prêtrise il s'élève des voix éloquentes pour protester.

« Ma conviction la plus profonde, s'écrie Hyacinthe dans le plus sincère instant de sa vie, est que si la France en particulier, et les races latines en général, sont livrées à l'anarchie sociale, morale et religieuse, la cause principale est dans la manière dont le catholicisme est depuis longtemps compris et pratiqué. »

Il ne faudrait donc pas que les papistes obstinés se dissimulassent les difficultés de leur situation, qu'ils ont cru tourner avec leur dogme inepte, idolâtrique, d'infaillibilité papale; car, n'était ce pain quotidien qui pourrait manquer à tant de pauvres diables d'abbés, la papauté trouverait déjà devant elle une nombreuse cohorte pour la repousser, au moins dans les limbes.

C'est tout naturel; qui croit à l'infaillibilité d'un homme, à la Sainte-Ampoule, à l'Immaculée Conception? Qui? — « Hé! hé! me répond tout bas un bon bourgeois, en me poussant le coude, vous savez bien, monsieur, qu'il faut une religion pour les petites gens. » Etrange duplicité! De sorte que l'hommage de la créature à son Créateur ne serait plus qu'une supercherie au service de ces gros messieurs. Oh! pudeur!...

Or, ces machinations diaboliques finiraient par conclure à la mort du sentiment religieux, s'il pouvait jamais s'effacer en nos âmes. Cependant, il ne faudrait pas se dissimuler que ces déloyales manœuvres ne tendissent à énerver la vraie ferveur, les croyances politiques aussi ; toutes deux se tiennent de trop près pour que, ensemble, elles ne soient pas chancelantes sur ces autels croulants où l'on veut les tenir attachées. Pendant que la France se tourmente anxieuse, l'Amérique et l'Allemagne prennent la prépondérance dans le monde. Sans cesser d'être chrétiennes, elles ont pris des tendances progressives, admis le libre examen ; et cet enseignement, quoique encore très-imparfait, mais plus sérieux que le nôtre, n'est certainement pas étranger à leur suprématie. Qu'on se garde d'en douter !

« Il est évident que le fond de la religion est éternel, puisque c'est la connaissance subjective que nous avons de la vie qui est ce fond, mais la manifestation objective qui en résulte est variable et changeante suivant le progrès de notre connaissance. (Pierre Leroux) » Est-il possible que le symbole proclamé il y a deux mille ans puisse suffire à l'époque actuelle? Nous désirons donc le changer, l'élever plus haut, toujours plus haut, en respectant ce qu'il y a d'éternellement vrai dans le fond. Pour mon compte, je ne sais si les principales affirmations du christianisme sont le dernier mot de l'humanité; mais ce dont je suis bien convaincu, c'est qu'elles ont encore une longue route à parcourir, non pas avec le papisme, mais envers et contre lui, tellement que c'est avec l'Evangile qu'il faudra l'accabler.

Du reste, à quelque point de vue qu'on se place, on ne peut nier que ce livre n'ait été dans le passé le cri le plus retentissant de l'amour, du grand amour en ce monde, et ne prête au socialisme ses formules les plus avancées. En vain, le prévaricateur a-t-il voulu les dénaturer, les amoindrir, n'en faire que le rudiment du salut individuel. Pour lui, tout ce qui est socialiste n'est pas de ce monde; mais tout ce qui peut produire à lui et à ses affidés, richesses, honneurs, autorité, a été mis en pratique, à tout prix, par le bourreau, jusqu'au bûcher! Pour lui, le vrai chemin du salut est de suivre aveuglement les règles de momeries révoltantes, ne rien refuser à la main crochue de l'église; et avec cette confession on est sûr d'arriver en Paradis, quelque chose qu'on ait pu faire sur la terre ou qu'on puisse y regretter. Enfin, de ce christianisme, religion de l'amour, le papisme a fait la religion de la peur :

Et la peur sur la terre enfanta les faux Dieux !

L'on peut en voir les tristes fruits, depuis cinquante ans surtout; jamais pays plus que la France ne fut aussi effrontément exploité au moyen de la peur. Elle est semée partout, surgit de tous côtés; c'est le grand cheval de bataille de tous les privilégiés, du papisme et de la royauté. Le Pape fait jouer les ressorts de son enfer athée, impossible; le roi fait jouer l'hydre de l'anarchie; après cela peut-on s'étonner d'avoir vu la France divisée, hésitante, troublée, lorsqu'il a fallu en appeler à son énergie ?

Qu'on se donne la peine d'étudier froidement le caractère actuel du Français, on constatera un affaiblissement réel de son antique hardiesse, de son humeur aventureuse. Ce qui nous distingue encore un peu des autres nations, c'est cette minorité vivace, intelligente, énergique, que les radoteurs peuvent traiter d'anarchique, mais qui n'en est pas moins le seul espoir des idées de progrès en ce pays; quand, revenue de ses colères, de ses dégoûts si explicables, fortifiée par les leçons de l'expérience, de la sagesse, elle pourra commander le respect aux peuples et les appeler à ses côtés. En attendant, les temps sont tristes, le Français semble vouloir épuiser les derniers élans de sa fougue en futilités, abandonner jusqu'au relief de sa vieille arrogance; son courage militaire, jadis si célèbre, est en défaut; son courage civil, le premier des courages, l'est encore plus; du reste, il n'a jamais beaucoup brillé de ce côté. Serions-nous marqués du doigt du destin pour la décadence? Les fils des téméraires doivent-ils s'affaisser dans le marasme et le bigotisme? Allons-nous assister à l'éclipse de notre nationalité, à la veille de voir triompher la grande ère pour laquelle nous avons si vaillemment souffert! Devant une pareille infortune, France, ne te réveilleras-tu pas!

Quoiqu'il en soit de ces horizons sinistres, il ne faudrait cependant point tout à fait désespérer; peut-être trouverons-nous dans nos malheurs l'occasion de nous mûrir, de nous relever. Penser est un art qui s'apprend comme tous les autres; peut-être lui donnerons-nous une attention plus sérieuse, plus soutenue, et deviendrons-nous meilleurs logiciens, plus solides. Si j'ai le cœur navré, je ne puis perdre encore tout espoir; non, je ne croirai jamais que la France puisse oublier sa vraie gloire, et s'endormir sous les calculs de cette intolérance jésuitique qu'on voudrait en vain lui faire subir. Regardons bien, nous les verrons déjà faiblir, ces échappés des marais de Lerne, sous le poids de leur ignominie.

Prenons-en pour preuve cette obstination frénétique qui vient d'éclater dans le dernier concile ; n'est-ce pas le délire de l'agonie? Car, au lieu de suivre la tradition de son origine, de chercher à se transfigurer, le Pape veut demeurer dans les ténèbres du passé : qu'il y disparaisse, et que la terre reverdisse sous la lumière de la liberté d'examen.

En tout état de cause, ce n'est pas que nous dussions faire appel à la violence, aux représailles farouches. Non, mille fois non! La force des choses, le dédain public nous suffiront. Rien de plus triste que la vengeance! Pour tous, liberté plénière; nous devons nous opposer à toutes les tyrannies! N'oublions jamais que si le droit opprimé peut faire les saints, le droit vainqueur doit faire les justes, les miséricordieux.

C'est dans cette pensée de tolérance que j'ai recherché s'il ne me serait pas possible de formuler une espèce de catéchisme des devoirs et des droits de l'homme, qui puiserait ses explications dans les doctrines et les faits généralement acceptés, en dehors de discussions religieuses et métaphysiques trop combattues.

Ai-je atteint mon but? Je ne puis m'en flatter; car, quoique je ne sois qu'un vulgarisateur, un obscur élève de quelques grands esprits, de cette école fameuse qui eut pour chefs Pierre Leroux et Jean Reynaud, je n'essaie pas moins, dans ce modeste résumé, une œuvre des plus difficiles, et n'ai, sans doute, produit qu'un essai. Cependant, honni soit qui m'en saurait mauvais gré; puisque mon travail, tout imparfait qu'il soit, peut encore être utile à quelques hommes de bonne volonté et servir à un autre penseur plus fort, plus heureux que moi, qui achèvera l'édifice; je n'en aurai pas moins rempli ma tâche dans la mesure de mes moyens, en fournissant mon concours à la fondation du règne de la fraternité.

Avant d'aller plus loin, il faut que je m'explique sur la valeur d'un mot qu'on a dénaturé, que des factions détestables ont flétri, et qui reviendra souvent sous ma plume. Ce mot est *Socialisme.* C'est celui dont se sert la réaction aristocratique pour décrier ses adversaires et qu'elle donnerait volontiers comme d'invention récente, lorsqu'il remonte à la première société qui se forma. Il y aura bientôt deux mille ans que le Nazaréen le fit entendre sur les bords du lac de Tibériade, où il enseignait les simples de cœur, les débonnaires, les attristés ; et, avant lui, les membres des castes s'en étaient aussi servis; seulement l'intérêt de caste dominait tout, l'individu était entièrement sacrifié. Tandis que de nos jours, le socialiste doit vouloir sérieusement, positivement, améliorer la condition morale et physique de tous les hommes, en proposant à l'aide d'un enseignement *tout pacifique*, les plus sûrs moyens d'arriver à ce but, la meilleure forme d'association attrayante où l'individu sera protégé, où l'homme, enfin, sera complet au sein de l'association complète. « Et le plus important des problèmes à la solution desquels la nature nous a contraint sera résolu, et nous atteindrons une société civile générale qui maintiendra le droit ou la liberté de chacun (Saint-Simon). »

....

J'ai détaché ces quelques pages de beaucoup d'autres qui peut-être ne verront jamais le jour ; je ne les abandonne pas au vent de la publicité sans éprouver une certaine émotion, puisqu'elles sont sœurs de toutes celles qui durant plus de vingt-cinq ans furent mes consolatrices dans ma solitude, au milieu des steppes de la Sologne, que je n'ai pourtant pas quittées sans regrets.

Je me rappelle combien de fois pendant les longues soirées d'hiver, lorsque la bise sifflait dans les taillis, faisait cliqueter les vitres de ma chaumière, elles écartèrent les ombres de l'abandon et de l'ennui. Oui, je me rappelle toujours le cœur ému, ce qu'elles me prêtèrent de bonne assistance, quand, le soir près de mon foyer, je rêvais, assis entre ma fidèle compagne de près de trente années, tricotant son bas, et mon brave Phanor dormant à mes pieds, d'un sommeil agité, sans doute, par des songes lui retraçant les grandes choses que nous avions faites ensemble dans la journée ; non plus, je t'oublie, caressante Missite, toi qui, assise sur mon épaule, me rappelait, avec tes petits coups de tête et tes *ron-ron*, que tu étais aussi de mes amies. Ainsi plongé dans ce calme intime, j'abandonnais pour quelques heures cette triste terre, et transporté dans les sphères supérieures, je sens encore combien ma plume me délassait des mancherons de ma charrue. Souvent, je me disais les yeux humides : heureux celui qui peut penser en communion avec la grande harmonie ; car, quoique la recherche du bien soit pénible, ce n'en est pas moins la meilleure source où l'on puisse se retremper, se consoler sur la route des célestes espérances.

Chaque jour, dit-on, doit suffire à sa peine ; chaque individu doit probablement obéir à son tempérament, jusqu'à un certain point. L'un se plait à mal faire, un autre s'étiole dans son indifférence ou s'étourdit dans les excès. Je ne suis point de ces catégories. Aussi, lorsque j'ai senti les forces du corps faiblir, c'est à un autre travail que je me suis plus sérieusement livré, sans cesser de vouloir être utile. En retour, ce que je demande, c'est qu'on me lise avec quelque attention avant de me condamner.

La critique littéraire, si elle veut bien s'occuper de mon modeste ouvrage, pourra s'exercer largement, je le confesse en toute humilité. J'ai assez de bon sens pour savoir que le beau langage doit m'être tout à fait étranger. J'ai seulement voulu dire en termes clairs, francs et nets, à quelques-uns de mes contemporains ce que je croyais bon, nécessaire dans l'intérêt de la communauté.

Quant à la critique malveillante sournoisement échappée des sacristies ou autres lieux de ce genre, je n'ai point à m'en préoccuper, la croyant tout à fait impuissante à triompher de mes dédains. En publiant ce livre, je n'ai jamais eu la prétention de m'en faire un marche-pied pour atteindre les faveurs de la mode ; je n'ai d'autre ambition que de rester indépendant et ferme dans ma solitude pour y combattre, si je le puis encore, les égarés et les méchants.

Et pourquoi ! aurais-je donc repris ma plume, après un aussi long silence, si ce n'eût été pour te rendre toujours hommage, ô Justice éternelle !

Eugène BORDAS,

Ancien fermier à Vienne-en-Val (Loiret).

§ I.

PROLÉGOMÈNES.

Avant d'écrire l'instruction dialoguée, qui est le principal but de cette publication, je crois devoir la faire précéder d'une déclaration de principe qui en sera le guide et la garantie. Mon but est d'établir la doctrine du devoir en dehors de toute utopie superstitieuse, et je dis : sans le devoir social qui féconde et conserve la communauté, l'homme ne serait rien de plus en ce monde qu'un grain de sable jeté dans l'espace. Ce n'est qu'à l'aide de son esprit sympathique et dévoué qu'il a pu former l'humanité, ce grand être associé, sans aucun doute, aux créations successives que la vie révèle dans son développement complexe, progressif et continu.

L'homme n'a donc point été destiné, comme l'animal, à suivre fatalement, particulièrement sa voie, mais à agir collectivement, solidairement dans toute la suite des générations ; car il fallait qu'il pût se tenir à la hauteur de sa mission dans le temps ; il fallait qu'il fût modifiable, perfectible, progressif comme elle ; il fallait que toutes les forces sociales se mêlassent, se renouvelassent sans solution de continuité, de telle sorte que toutes leurs parties pussent satisfaire au besoin de l'ensemble à chaque instant de sa durée. En effet, il serait impossible de nier que l'humanité ne soit pas fonction dans cet ensemble de mouvements harmoniques. « L'homme, dit le poète, est un premier entretien de la nature et de Dieu. »

Mais ce qui nous restera à jamais voilé, c'est la question d'origine et de fin. Nous sommes réduits à nous agiter entre deux mystères. Cet homme, d'où vient-il? Où va-t-il ? A-t-il été créé tout d'une pièce ? Est-il le produit d'un syncrétisme ? Nul ne le sait. Alors, ne cherchons point dans nos explications naïves à sonder les profondeurs infinies ; laissons cette séduction aux esprits audacieux qui veulent tout scruter, jusqu'à ravir le secret des dieux. Sublime audace de Prométhée ! Quant au commun des mortels, qu'ils demeurent sur la terre ferme pour apprendre de quelle manière ils doivent s'y conformer.

En conséquence, ce que nous pouvons, ce que nous devons rechercher, c'est notre norme et les moyens de satisfaire aux nécessités de la fonction qui nous a été répartie ici-bas.

Dans ce but, l'homme a été pourvu de facultés, d'aptitudes, d'organes propres à sa tâche. Aussi est-il sans cesse sollicité par cette multitude de liens divers, de rapports qui nourrissent son attention, éveillent ses sympathies, le bercent entre le doute et l'espérance, l'un pour sa douleur, l'autre pour sa joie. Dans tous les cas, il ne peut laisser trêve aux appétences de son esprit ; il faut qu'il agisse sous le contrôle de sa raison qui est sa boussole, son timonier. C'est pourquoi désir, raison, activité sont ses armes qu'il ne peut délaisser sans mourir, dont il doit faire un constant usage, comme dans leur sphère les animaux doivent se servir des instincts, des griffes, des dents dont ils ont été armés.

Les savants (l'induction du sens commun

est avec eux) prétendent que la mission de l'homme sur la terre est de coopérer à l'achèvement du globe qui, on le sait, s'est déjà profondément modifié. Pour une aussi gigantesque métamorphose, ce n'est certes pas trop de tous les efforts de l'humanité agissant dans la plénitude de ses facultés, dans toute la puissance de son unité. Ce travail d'homogénéisation humanitaire, on peut le suivre pas à pas dans l'histoire, qui nous montre d'abord des peuples formant des corps de peuplades, puis de nations, réunis par des tendances semblables, par un but commun d'activité ; puis ces nations convergeant les unes vers les autres d'après les divers degrés de civilisation et les difficultés du milieu où elles se trouvent placées. Il est donc permis de prévoir que chaque fraction de l'humanité arrivera un jour à une union complète et produira une force telle que de cette suprême étreinte, copulation d'un amour sans pareil, éclora un autre monde, la mission du précédent étant achevée.

Quoi qu'il en soit de ces hypothèses, il

n'en est pas moins bien certain que désirer, raisonner, agir, ne soient pour l'homme toute la manifestation de sa vie; que le besoin du nouveau, du meilleur ne soit intarissable dans sa pensée; car il le porte en soi, comme le projectile la vitesse qui le pousse et le dirige. « *Est-ce que dans l'harmonie universelle, les attractions ne sont pas proportionnelles aux destinées?* » (Ch. Fourier.)

De là, pour l'homme, des aspirations sans bornes, un travail immense : et, quel sera son guide sur ce chemin où le destin l'oblige à marcher? Il ne peut longtemps douter, il se trouverait condamné à l'immobilité ; il lui faut absolument la foi, c'est-à-dire la conviction d'atteindre un but que le désir fait naître et que la raison légitime. Ce flambeau, retournera-t-il le chercher dans la nuit du passé, peut-il se dire je crois, parce que je crois (*credo quia absurdum*, comme dit le catholique), non! Ce ne pourrait être que la plainte de l'animal abattu. L'homme doit en appeler à son sentiment, aux inspirations de sa vie actuelle, à celles de la société qui l'entoure, c'est son véritable appui. Toutes les écoles n'enseignent-elles pas que nos sentiments individuels sont vrais, en tant que nous les éprouvons; que dans l'ordre de la vie, la modification de la pensée ne peut être séparée de la pensée, et que dans cette œuvre indécomposable de la raison et de l'espérance, tout homme est apte à y participer ! La philosophie est donc accessible à tous, puisque ce n'est que l'étude de la vie sous ses divers aspects; or, la religion n'étant qu'une allégorie, il y a identité parfaite entre ces deux modes d'exprimer notre pensée et de trouver la ligne de nos devoirs et de nos droits.

Enfin, ce principe de certitude, qui agite le monde depuis son berceau, a été formulé avec une grande autorité, la plus haute, la plus complète jusqu'ici, par des philosophes de nos jours, qui l'ont placé dans l'*expérience* et le *consentement*.

C'est à Pierre Leroux, Jean Reynaud et à leur éminente école qu'on doit la découverte et la propagation de cette rigide formule. Ces bons cœurs, ces grands esprits, ont cherché à prodiguer leurs pensées par toutes les voies de la presse, mais principalement dans l'*Encyclopédie nouvelle*, l'une des plus fortes œuvres du siècle, quoiqu'elle soit restée inachevée ; dans le beau livre de Leroux, *De l'humanité ;* dans la *Revue encyclopédique*, et dans beaucoup d'autres ouvrages que dans mon désert je n'ai pu consulter. Mais, j'en avais assez lu pour avoir toujours désiré populariser leurs doctrines. Après les poètes viennent les vulgarisateurs. Pour qu'un enseignement soit complet, il doit être adressé à tous les degrés de l'échelle scolaire, présenté sur toutes ses faces, sur tous les tons. C'est pourquoi j'ai pris la plume. Cet enseignement, je l'ai vu naître, et si l'âge ne me permet plus d'assister à son triomphe, dont je ne doute certainement pas, j'aurai au moins la satisfaction d'y avoir participé quelque peu, tout en essayant d'acquitter envers mes maîtres le tribut de reconnaissance que je leur dois. On ne devra pas être surpris des nombreux emprunts quo je vais leur faire. Du reste, toutes les fois que je pourrai m'appuyer sur l'autorité des maîtres, je ne le négligerai pas.

Je vais donc essayer de réduire à leur plus simple expression les hautes doctrines qui ont placé le principe de certitude dans l'expérience et le consentement :

Dans l'*expérience*, parce qu'avec elle, l'homme acquiert la connaissance de tout ce qui est extérieur à lui, et qu'il peut alors interroger ces êtres incapables de lui répondre par eux-mêmes; expliquer en partie les lois de notre système sidéral, comme celles des divers règnes de la nature ;

Dans le *consentement*, parce qu'à son aide, l'homme entre en communion avec ses semblables, trouve l'échange d'une pensée directement communicable, sent les battements de cœur répondant aux siens, et fait ainsi partie de l'humanité qui a son miroir fidèle dans la vie de chacun de nous ; car, « l'homme est un petit monde, » et l'on peut chercher dans l'individu la donnée première des besoins de la société.

Du reste, ces deux moyens d'expérimentation ne peuvent jamais être séparés, le premier n'étant qu'un cas particulier de l'autre.

Le signe de la certitude est donc l'accord, le consentement du *moi* et du non-*moi*.

En effet, il est de toute évidence que dans l'ordre de la vie, l'homme ne puisse trouver une source de déterminations plus satisfaisantes que celles offertes par sa vie actuelle qui désire en correspondance avec celles qui l'entourent, qu'il interroge, qui lui répondent, et c'est d'après ce consentement mutuel qu'il doit procéder ; car, on ne saurait trop le répéter, il n'y a, il ne peut y avoir qu'un point de départ pour la raison, comme pour le sentiment, la vie actuelle en nous et hors de nous, et non pas la vie éteinte, les restes surannés d'un passé refroidi pour toujours.

En deux mots, — *le principe de certitude dans l'ordre de la vie humaine collective est le consentement actuel manifesté par la tradition actuelle de l'humanité* (P. Leroux).

Cependant, ces affirmations si positives, si concluantes quelles paraissent, ne suffiraient point, si elles n'avaient une tradition, si elles ne prouvaient qu'elles découlent naturellement de quelque chose qui ait eu vie antérieurement dans l'humanité.

Cela fait, la démonstration est complète; et elle l'est certainement.

Ainsi nous, enfants du XIXe siècle, si nous nous demandons d'où nous venons, quelles sont nos tendances, nous trouvons notre moteur immédiat dans les travaux philosophiques et protestants des XVIIe et XVIIIe siècles, surtout dans ceux de la Révolution francaise qui leur ont succédé. Il est vrai que nous ne sommes plus, en ce moment, que les lévites affadis de cette grande épopée, la plus grande qu'ait écrite l'humanité. Ah! Français, allez-vous perdre de vue cette belle lueur qui éclaira l'idéal qui nous a porté si haut sous la bannière de cette croyance au progrès, à la perfectibilité dont notre époque est toujours si préoccupée; croyance consolante, désormais invincible, malgré ses échecs passagers, puisqu'elle s'est infiltrée dans nos veines, qu'elle se transmet de père en fils, à laquelle chacun volontairement, ou à son insu, travaille, étant le fait même de l'innéite.

C'est elle qui a fait accepter avec une facilité presque merveilleuse, eu égard aux obstacles à surmonter, ce principe de la souveraineté du peuple appelé à gouverner les sociétés modernes; car, entre ce principe et celui qui ressort de la doctrine du progrès et de la perfectibilité, appuyé sur l'expérience et le consentement, il y a identité parfaite. La philosophie qui, on le sait, est la science de la vie sous tous ses aspects, ne peut être séparée de la politique qui n'est, en définitive, que l'emploi des moyens fournis par la philosophie pour servir à faciliter le développement de la vie humaine sous le rapport du sentiment et de l'association.

Nous résumant, nous dirons : L'homme appuyé sur sa moralité propre, sur sa vie réelle, ainsi que sur la moralité et la vie de désir qu'il retrouve en ses semblables, joignant à cela la tradition actuelle du monde, les traditions du passé qu'il a pu expliquer; l'homme, disons-nous, doit échapper au scepticisme et entrer en pleine activité.

Sur cet aperçu il est facile de voir combien

les philosophes que nous honorons s'éloignent du catholicisme et du rationalisme pur. C'est leur gloire, leur originalité ! Forts de leur vie et de leur tradition présente, *seule voix qui puisse louer et servir le principe de toute vie*, ils laissent le catholicisme s'éteindre après l'avoir foudroyé, après lui avoir prouvé, qu'à son insu, il avait dans ses Conciles reconnu implicitement la doctrine du progrès continu. En effet, qui a expliqué successivement la portée des maximes du *Révélateur*, sinon l'Eglise vivante légiférant dans ses Conciles ? A ce propos, je me permettrai une réflexion, vulgaire il est vrai, mais utile pour nous éclairer, nous autres pauvres d'esprit. Que les catholiques y répondent si cela leur est possible, nous nous adressons à leur charité ! Comment, Dieu descendu en chair et en os sur cette malheureuse terre afin de nous enseigner, a-t-il pu laisser des préceptes si imparfaits, qu'il fallût à chaque pas convoquer Concile sur Concile pour tâcher de s'entendre, se mettre d'accord ; tentative jusqu'ici impossible, puisque ce catholicisme qui devait tout réunir, tout homogénéiser, n'a jamais été plus divisé qu'en ce moment, et n'est plus dans les Etats qu'un ferment de discorde?

La scolastique a des tournures inépuisables, mais une réponse claire et nette lui sera peut-être difficile, à moins que se reniant elle-même, elle n'emprunte quelques-unes de ces paroles que le bravo Spinosa ne craignit point de dire haut, lorsque tant de gens osaient ou osent à peine les penser tout bas. Nous verrons bien.

J'aurais encore une autre question à faire au sujet de ce péché originel qui contrarie si fort la notion du juste et de l'injuste que la nature nous a répartie, et que cette bonne scolastique même nous a expliqué; mais nous reviendrons plus loin sur ce sujet, en empruntant la plume étincelante de notre cher Michelet.

En attendant, puisque nous sommes sur le chapitre des interrogations, je citerai ce mot de Montesquieu : — « s'il y a un Dieu, il faut nécessairement qu'il soit juste, car s'il ne l'était pas, il serait le plus imparfait des êtres. » — Montesquieu qui n'était pourtant pas un niveleur reconnaissait ainsi, en termes des plus formels, le dogme de l'égalité. Car, avec la rectitude de son esprit, il devait compléter la notion du libre arbitre humain par celle de justice divine, et conclure à cette égalité de tous les hommes dans les mêmes devoirs et les mêmes droits, puisque c'est la base de la justice.

Puis encore, Jésus n'a-t-il pas dit qu'on reconnaîtrait ses disciples à leurs œuvres? Or, quels exemples Messieurs les prêtres nous offrent-ils ? L'Evangile est l'exaltation des doux, des simples, des modestes, des pacifiques : l'œuvre des papistes n'est-elle pas tout l'opposé ? Alors ne sommes-nous pas autorisés à faire comme Wiclef, Jean Hus et leurs successeurs, à repousser tout pouvoir qui ne porte pas le signe du dévouement.

Tout cela demande des explications qu'on ne se presse pas de nous donner. Qu'on nous réponde ! Nous insistons plus que jamais.

Nos savants écrivains de l'*Encyclopédie nouvelle* n'ont pas combattu avec moins de succès ce rationalisme pur qui a semblé vouloir déifier l'individu. Nous savons bien qu'après l'enseignement si châtré du catholicisme, il fallait relever l'homme dans sa vie, dans sa personnalité ; mais Descartes, en donnant son axiome : *Je pense, donc je suis*, axiome dont on a voulu faire presque une *révélation*, n'a pu arriver qu'à des définitions de raison pure, concluant à des constructions mécaniques. Il a fait un corps sans âme, puisque en isolant l'âme humaine, il la stérilisait. L'homme n'est pas seulement raison, mais il est par essence *sensation*, *sentiment*, *connaissance* indivisiblement unis, et c'est à la faveur de ces trois faces de sa nature qu'il arrive à l'épanchement complet, non-seulement de son individualité propre, mais à ce besoin de savoir et d'aimer qui le lie à ses semblables et au monde tout entier. Il y a longtemps que Pascal a dit ce mot, répété si souvent : « L'homme n'est ni bête ni ange : il est une âme, un corps unis en l'humanité. »

Aussi, dans leur théorie de la solidarité humaine, nos philosophes sont d'une solidité incomparable ; ils éclairent tout : l'heure présente, les horizons de l'avenir et les catacombes du passé. Sous leur lumière bienfaisante, le penseur pourra suivre les diverses évolutions du mouvement social ; il verra la société comme une crysalide faisant effort pour se débarrasser de sa vieille enveloppe et se parer de nouvelles couleurs ; il verra se produire, d'après leur marche logique, rationnelle, les six siècles de révolutions protestantes et philosophiques qui devaient affirmer victorieusement ces doctrines d'égalité, de liberté, de fraternité, de progrès, de perfectibilité dont la Révolution française a été un si éclatant essai et que le présent veut voir couronner.

Hommes du XIXe siècle, mettez-vous hardiment à l'œuvre ; ajoutez votre histoire à celle de vos pères, tout deviendra moins sombre. Oui, encore un peu de temps, et des éclaircies satisfaisantes triompheront de toutes négations sceptiques. Il y a réellement lieu à une science de l'histoire, non pas seulement pour les actes de l'humanité, mais pour toute chose sur notre planète. Cherchez et vous trouverez : c'est votre destinée ; mais ne cherchez point à escalader les cieux ; contentez-vous de rendre le labeur éternel moins pénible, c'est la seule récompense que vous puissiez conquérir ici-bas, en resserrant chaque jour davantage les liens de votre imprescriptible solidarité.

« Car l'humanité doit travailler toujours de concert, quoiqu'à son insu. C'est l'être suprême qui se charge de mettre l'unité et la beauté de l'architecture à toutes ces pierres que les hommes apportent à un édifice dont ils n'ont conçu, ni connu le plan. » (P. Leroux.)

J'espère qu'on appréciera que ces courts prolégomènes n'étaient pas inutiles, avant d'aborder le terrain de la pratique que je ne quitterai plus ; l'on saura, au moins, au nom de quel principe je professe et si je suis quelque peu logicien en mes déductions.

Comme je n'ai d'autre intention que de m'adresser à ces esprits droits mais peu exercés en ces sortes de matières, j'ai pensé qu'il serait plus clair d'employer la forme de dialogue. Je mets donc en présence deux interlocuteurs ; l'un est un vieillard que *l'expérience* a mûri, dont le *consentement* est complet ; l'autre, est un jeune homme à peine sorti de l'école, et qui cherche à prendre rang parmi les bons citoyens.

Cela dit, j'ouvre l'interlocution :

§ II.

DE L'HOMME, DE SA RELIGIOSITÉ.

— Monsieur, vous qui avez longtemps vécu et réfléchi, dites-moi ce que vous pensez de l'homme et de la société.

— Jeune homme, n'attendez de moi ni discours profonds, ni lustre de parole, je ne puis que vous ouvrir simplement mon cœur qui n'a jamais menti : c'est à ce seul titre que je vous prie de m'écouter.

L'homme est un être sociable, puisqu'en tous les temps, en tous les lieux, il a vécu en société.

— Et sa vie, comment l'a-t-il toujours manifestée ?

— Par des efforts continus pour satisfaire ses facultés physiques et morales.

— Alors, quelle doit-être la tendance de la société?

— La satisfaction physique et morale de tous les hommes qui la composent, garantie naturelle de conservation et d'amélioration de la race humaine.

— Ce principe est-il contesté?

— Non. Depuis déjà bien des siècles, partout où la civilisation chrétienne a pénétré, il n'est plus ouvertement contesté dans l'enseignement de la morale. Nul n'oserait dire aujourd'hui que tous les hommes ne soient pas enfants du même Dieu, égaux devant lui dans les mêmes devoirs et les mêmes droits ; ainsi, les papes et les prêtres, les rois et les nobles reconnaissent qu'ils ne sont institués, qu'ils ne doivent agir que dans l'intérêt général. Il est vrai que dans la pratique, ils se livrent à de cruelles dérogations.

— Et pourquoi?

— Parce qu'ils ne peuvent être suffisamment contrôlés. Le privilége est ainsi fait qu'il lui faut abuser de tout, même de ce qu'il aurait intérêt à respecter. Mais, qu'on cesse de faire de l'éducation et de l'instruction une prérogative; que les masses soient suffisamment éclairées, et ceux qui voudront les conduire ne pourront plus les exploiter. D'ailleurs, quoiqu'on fasse pour ajourner les jours d'émancipation, ce reste de servitude sera bientôt détruit, puisqu'il l'est déjà dans la conscience des maîtres.

— Ah ! monsieur, il est grand temps qu'on se mette à l'œuvre : car, quoi qu'il soit impossible de nier la nature sociable, éducable de l'homme, on est tenté de désespérer, si l'on veut expliquer comment il a pu se conserver dans les sociétés une inégalité de condition pareille à celle qui a été et à celle que nous voyons encore.

— Cette inégalité par trop choquante, cruelle même sur tant de points, peut s'expliquer par l'inégalité de force intellectuelle dont chaque fraction de l'ensemble a été pourvue, et par la petitesse de notre durée. Nous sommes voisins de notre enfance, nous entrons à peine dans notre adolescence; patience, nous arriverons à l'âge adulte, croyez-le bien! Ce n'est pas que, pour arriver là, il faille attendre que toutes les intelligences se mettent au même niveau, on pourrait stationner trop longtemps; il faut seulement que tous les hommes reçoivent la même éducation morale, car tous sont aptes à la comprendre, et une part d'instruction assez large pour se défendre contre les doctrines surannées dont ils peuvent être victimes. Plus loin, nous reviendrons sur cet important sujet.

— Il est un fait, monsieur, dont j'ai peine à me rendre compte : c'est celui de l'esclavage. Je me suis souvent demandé comment une poignée d'hommes a pu réduire à l'état d'animaux des millions et millions de leurs semblables?

— Il est vrai que dans le passé, la plus grande partie des hommes étaient réduits à l'état de choses (*servus res*); mais peu à peu ces *choses* se sont relevées de leur vileté : ainsi, l'esclavage qui avait été un grand progrès sur la guerre à mort, la guerre du sauvage, s'est à son tour beaucoup affaibli ; et aujourd'hui vous ne pouvez nier que le sort des prolétaires, même les plus déshérités, ne soit préférable à celui des esclaves de l'antiquité et des serfs du Moyen-Age.

— Oui, mais pourquoi la société a-t-elle été si mal inaugurée?

— L'homme, à son origine, n'a été probablement qu'une ébauche, peu distante de la brute. Toutes les traditions conservent le souvenir de ces bimanes, si puissants par la force du corps, et très-faibles d'esprit. En ces temps-là la fonction toute matérielle étant de première importance, ces bimanes n'avaient charge que de dompter avec leurs forces herculéennes les premières résistances de la matière qui devait leur servir de milieu. Dans ces sociétés rudimentaires, les appétits animaux étouffaient presque les besoins de l'esprit naissant et qui pouvait seul révéler à l'homme la loi de la justice, ce ciment de la solidarité : en un mot, il ne pouvait y avoir humanité que par le triomphe de l'esprit sur la matière. L'esprit étant immortel, transmissible, devait conserver l'union des générations successives vers le but de la commune activité ; et c'est précisément ce développement qu'on peut suivre pas à pas dans l'histoire qui forme une des preuves les plus irrécusables de cette loi de progrès, de perfectibilité, *vraie révélation* de nos jours. Et cette histoire de nos faits, de nos aspirations, ne l'atteste pas seule, car aux découvertes faites sur l'évolution des temps historiques viennent se joindre celles de la connaissance du globe sur lequel nous posons; l'étude des entrailles de la terre concourt avec celle de la surface à produire la même lumière. — « L'histoire de la terre, dit Edgard Quinet, est réellement bien une histoire, il suffirait de la raconter depuis le moment où le globe devenu gazeux, puis liquide, commence à se solidifier, jusqu'au jour où l'homme apparaît. A chaque période le monde semble se perfectionner. Nulle trace d'organisation ne se retrouve dans les terrains primitifs. Les terrains de transition sont remplis de mollusques et de poissons ; les terrains secondaires de reptiles et les terrains tertiaires de mammifères. Il serait tentant de montrer, en exposant la succession des terrains et des êtres, comment les époques se distinguent et se ressemblent, comment les progrès sont réels, sans être toujours continus. On a le droit de comparer les modifications du globe au développement historique des nations. Il faut conclure à l'*identité* des deux histoires, à la permanence, à l'unité des lois qui président au développement des êtres, des peuples, des institutions et en donne une série brillante. Rien ne se répète dans la nature ; il n'y a jamais deux couches pareilles ; et dans les montagnes, pas une des pierres entassées ne se ressemblent, le temps ne fait pas deux fois la même roche. Une loi éternelle oblige les hommes comme la nature à inventer toujours. » (*De la Création*, par Edgard Quinet.)

Remarquez-le bien, jeune homme, pas une voix, quelque peu aûtorisée, ne peut s'élever contre ce resplendissant tableau, il a acquis la valeur de fait positif. Enfin, il est certain que l'homme n'a point une origine ancienne sur notre planète ; il n'est donc pas étonnant qu'il soit encore si pauvre d'intelligence et fort imparfait en morale. La science des devoirs et des droits ne s'acquiert qu'avec le temps, et il faut croire que les bimanes et leurs descendants immédiats y ont peu travaillé.

— Je comprends facilement que l'homme ne puisse trouver chaque jour une idée nouvelle ; mais je me demande pourquoi, l'idée nouvelle étant trouvée, elle fait son chemin si lentement, si péniblement !

— Je crois cependant avoir déjà touché ce sujet ; mais nous ne saurions trop insister afin de bien nous entendre. Vous savez que les forces intellectuelles et physiques des hommes n'étant point égales, on doit trouver dans la société une échelle de progression où sont rangés graduellement les précurseurs, les remorqués, les retardataires obstinés. Le progrès se fait aussi par assimilation ; les esprits les plus élevés dans la série aident à se hausser jusqu'à eux ceux restés en arrière. Vous savez que de toutes les institutions, la religion (histoire allégorique de la nature), marque de la manière la plus irréfragable les diverses stades que l'humanité a déjà parcourus : en effet, si l'on suit les vieilles légendes, dans leurs plus hautes expressions, on voit trois phases distinctes. La première est celle appelée fétichisme, pendant laquelle l'homme à demi sauvage, se prend à déifier les productions visibles qui frappent ses sens ; à la suite vient le polythéisme qui peuple la terre et le ciel de tous les dieux que son intelligence plus avancée lui suggère ; et enfin, le monothéisme, dont le judaïsme et le christianisme forment les deux phases, et dans lesquelles l'homme rapporte toute la création *à une seule cause extérieure à l'univers.*

Jésus de Nazareth a été l'Homère de cette dernière allégorie, il a dit : — « *Tous les hommes sont enfants de Dieu ; qu'ils s'aiment donc les uns les autres ; voilà toute la loi et les prophètes.* »

Aujourd'hui, l'Europe et l'Amérique, une partie de l'Afrique et de l'Asie ont accepté cette formule, et légifèrent en cette intention à des degrés divers, et il faut le dire, fort imparfaits.

C'est la Révolution française qui a eu l'honneur et le courage de donner la plus large explication aux paroles empruntées à la *nouvelle bonne-nouvelle*; car il est impossible de nier que les hommes de la Révolution ne soient sortis de l'école chrétienne. Il est vrai que dans leurs œuvres ils n'empruntèrent au christianisme que ce que leur vie présente et le besoin de l'avenir pouvaient s'assimiler. Les philanthropes de 1789 ne firent donc que continuer avec les éléments développés par le temps la mission commencée par les apôtres : de même que ceux-ci avaient continué, en les augmentant, les travaux antérieurs ; car il n'y a jamais eu de révélation spontanée. L'esprit humain, où le germe de tous ses progrès a été déposé, porte en soi le principe et la force de tous ses développements, qui se transmettent de génération en génération par le fait de l'innéité. Tout ce qui naît ne peut être que le résultat nécessaire, fatal, d'une force qui doit s'épancher, suivant la direction et dans les conditions qui lui ont été primordialement tracées; sans quoi les évolutions successives et régulières des générations n'eussent pu se maintenir. Tout germe doit être complet et certain à sa base pour qu'il puisse fructifier d'après son caractère natif dans le milieu où il a été déposé. C'est là le fondement même de l'ordre immuable de la nature.

Les révélations subséquentes n'ont donc pu être, comme on l'a dit, que des allégories écloses à mesure que l'homme, avançant en âge, se faisait une plus haute idée de cette divinité, dont il n'a jamais douté. C'est cette perpétuelle reconnaissance qui lui a fait repousser chaque jour davantage ces craintes de cataclysme universel, ces doctrines dissolvantes fondées sur les accidents du hasard, sur les combinaisons chimiques de la matière.

Vous paraissez surpris de voir que moi, le raisonneur, je consente à accepter un principe qui échappe tout à fait à ma raison. Je vous réponds que sur ce sujet les spéculations contraires y échappent encore plus; si bien, que je rejette avec indignation ces dernières, tout en me soumettant au principe premier avec conviction. Voyez-vous, où la raison est impuissante, il faut écouter les inspirations du sentiment, les naïves influences du cœur : C'est de là que viennent toutes les grandes pensées, dit Vauvenargues.

Ne soyons point des démons d'orgueil. En présence de l'admirable spectacle de la nature, doit-il donc tant nous coûter de reconnaître qu'il y a un être nécessaire qui l'a créée, qui la dirige. Appelez-le comme vous voudrez, Dieu, harmonie, nature, le nom n'y fait rien, pourvu que vous n'oubliiez point que l'homme n'est que l'agent d'une force primordiale, supérieure, et que pour lui, il ne peut y avoir de droit qu'en vertu d'un devoir accompli.

— « Si je concluais, dit Spinosa, que l'idée de Dieu, comprise sous celle de l'infinité de l'univers, me dispense de l'obéissance, de l'amour et du culte, je ferais un pernicieux usage de ma raison ; car il m'est évident que les lois que j'ai reçues, non par le rapport ou l'entremise des autres hommes, mais immédiatement de lui, sont celles que la lumière naturelle me fait connaître pour véritables guides d'une conduite raisonnable. »

Et un autre écrivain, que la fourberie des jésuites veut mettre à la tête de l'athéisme, Voltaire, n'a-t-il pas dit : — « Qu'importe que la matière soit faite ou arrangée ! Dieu est également notre maître absolu. Nous devons être également vertueux sur un chaos débrouillé ou sur un chaos créé de rien, puisque aucune de ces questions métaphysiques n'influe sensiblement sur la conduite de la vie. »

Mais ne croyez pas qu'il soit jamais tombé du ciel un révélateur armé tout d'une pièce, venant donner à l'homme un sens de plus, un Verbe nouveau. Ce qu'il y a de neuf sous le soleil, c'est la diffusion des lumières, l'acception que chaque mot reçoit dans l'ellipse du temps. Voilà la vraie, la seule révélation.

Si je multiplie les citations, vous ne devez pas m'en faire un reproche, ma prose inexpérimentée peut seule en souffrir, qu'importe; je fais un bon choix et tous nous ne pouvons qu'y gagner. Puis, je tiens à vous faire souligner les auteurs qui doivent nous être particulièrement chers.

Je vous ai promis de vous lire quelques pages de la belle préface que J. Michelet a écrite en tête de son *Histoire de la Révolution;* les voici :

« La Révolution continue le Christianisme et elle le contredit. Elle en est à la fois l'héritière et l'adversaire.

« Dans ce qu'ils ont de général et d'humain dans le sentiment, les deux principes s'accordent. Dans ce qui fait la vie propre et spéciale, dans l'idée mère de chacun d'eux, ils répugnent et se contrarient.

« Ils s'accordent dans le *sentiment de la fraternité humaine.* Ce sentiment, né avec l'homme, avec le monde, commun à toute société, n'en a pas moins été étendu, approfondi par le Christianisme. A son tour la Révolution, fille du Christianisme, l'a enseigné pour le monde, pour toute race, toute religion qu'éclaire le soleil.

« Voilà toute la ressemblance : et voici la différence.

« La Révolution fonde la fraternité sur l'amour de l'homme pour l'homme, sur le devoir mutuel, sur le droit et la justice. Cette base est fondamentale et n'a besoin de nulle autre. Elle n'a point cherché à ce principe certain un douteux principe historique. Elle n'a point motivé la fraternité par une parenté commune, une filiation, qui du père aux enfants transmettrait avec le sang la solidarité du crime.

« Ce principe charnel, matériel, qui met la justice et l'injustice dans le sang, qui les fait circuler avec le flux de la vie, d'une génération à l'autre, contredit violemment la notion spirituelle de la justice qui est au fond de l'âme humaine. Non, la justice n'est pas un fluide qui se transmette avec la génération; la volonté seule est juste ou injuste, le cœur seul se sent responsable; la justice est toute en l'âme; le corps n'a rien à voir ici.

« Ce point de départ barbare et matériel imprime à tout le système un caractère profond d'arbitraire, dont aucune susceptibilité ne le tirera.

« On va le voir. Le point de départ est celui-ci : le crime vient d'un seul; Adam a perdu, le Christ a sauvé. Il a sauvé. Pourquoi? Parce qu'il a voulu sauver; nul autre motif. Nulle vertu, nulle œuvre de l'homme, nul mérite humain ne peut mériter ce prodigieux sacrifice d'un Dieu qui s'immole.

« Que demande-t-il en retour de ce sacrifice immense? Une seule chose, qu'on y croie. La foi est la condition du salut, non les œuvres de justice. Nulle justice hors de la foi. Qui ne croit pas est injuste. La justice, sans la foi, sert-elle à quelque chose? A rien.

« Sortis une fois de la justice, il nous faut aller toujours, descendre dans l'arbitraire.

« Croire ou périr!... La question posée ainsi, on découvre avec terreur qu'on périra, que le salut est attaché à une condition indépendante de la volonté. *On ne croit pas comme on veut.*

« Saint Paul avait établi que l'homme ne peut rien par ses œuvres de justice, qu'il ne peut que par la foi. Saint Augustin démontre son impuissance en la foi même. Dieu seul la donne, fait *grâce* à qui il veut.

« L'arbitraire ne va pas plus loin, le système est consommé. Dieu aime, l'amour est sa raison à lui-même ; il n'exige aucun mérite.

« Et le *démérite*, la damnation ?... Etre haï de Dieu, condamné d'avance, créé pour la damnation !

« Hélas ! nous avions cru tout à l'heure que l'humanité était sauvée. Le sacrifice d'un Dieu semblait avoir effacé les péchés du monde. Plus de jugement ! plus de justice ! Aveugles ! Nous nous réjouissions, croyant la justice noyée dans le sang de Jésus-Christ..., et voilà que le jugement reparaît plus dur ; un jugement sans justice, ou du moins dont la justice nous sera toujours voilée. L'élu de Dieu, ce favori, reçoit de lui, avec le don de la foi, le don des œuvres justes, le don du salut... Que la justice soit un don ! Nous, nous l'avions crue active, l'acte même de la volonté, et voilà qu'elle est passive, qu'elle se transmet en présent, de Dieu à l'élu de son cœur !

« Si la *grâce* n'était pas *gratuite*, si elle devait être méritée par des œuvres de justice, elle ne serait plus la *grâce.* »

« Telle a été, dit le Concile de Trente, la croyance permanente de l'Eglise.

« Parti de l'arbitraire, ce système doit rester dans l'arbitraire : il n'en peut sortir. »

Il est bon d'entendre plusieurs cloches si l'on veut se rendre compte de plusieurs tons ; mais il ne faudrait pas, je crois, abonder dans un sens et accepter sans réserve ces pages burinées d'une main si sévère. Quand notre célèbre historien attaque si vivement la doctrine inique de la *grâce* et le christianisme, n'est-il pas trop préoccupé de toutes ces trames ourdies par une scolastique sans entrailles, sans justice ? Aujourd'hui, pour les esprits sérieux, le christianisme ne repose plus que sur ces quelques aphorismes socialistes qui l'ont rendu immortel. La divinité du fils de Joseph n'est plus acceptée des penseurs ; mais, tout en la repoussant, n'est-il pas permis de vénérer encore les bons enseignements qui en sont sortis? Pour moi, je suis loin d'accuser d'imposture les apôtres qui firent un Dieu de leur maître : c'était parfaitement dans la donnée du temps. Ces bonnes gens ne voulaient certainement pas en imposer : ils croyaient à cette apothéose, ceux qui les écoutaient y croyaient aussi. Les idées païennes s'effaçaient, mais étaient loin d'être éteintes ; alors, qui eût voulu parler au nom d'un homme, eût-il été écouté, lorsqu'on avait fait déjà tant de dieux et de demi-dieux? Autre temps, autre croyance.

C'est pourquoi je ne crois pas du tout que pour qu'une religion s'impose aujourd'hui, il soit nécessaire de faire intervention directe de Dieu en chair et en os : ce serait plus concluant, si ce n'était pas tout à fait invraisemblable, tout à fait impossible. Confucius a établi, en Chine, une religion qui a gouverné plus d'hommes que le catholicisme. Moïse et Mahomet étaient-ils des Dieux? Et quelle immense abnégation Mahomet n'a-t-il pas inspirée? Il y a sur la terre un très-grand nombre de religions, tous leurs révélateurs sont-ils des Dieux? Et dans ce catholicisme qui devait tout soumettre, si l'on nombrait les schismes latents ou déclarés, on en trouverait des milliers et des milliers. L'on pourra me répondre que si Moïse et Mahomet n'étaient pas des Dieux, ils se donnaient au moins comme envoyés de Dieu, comme étant en communication directe avec lui. Cette prétention énorme n'était qu'un artifice d'hommes politiques cherchant à dominer la foule ; mais qu'on ne l'oublie pas, il n'a jamais pu y avoir, à pareil titre, d'intermédiaires entre la divinité et l'humanité. *Le Buisson ardent*, *l'ange Gabriel* sontdes fables qu'il faut reléguer avec l'*Eden* au musée des antiques.

Croyons-le bien, la religion de l'avenir qui sera une bien plus grande religion que ses aînées, ne sera pas inaugurée par un Dieu descendu du Ciel, elle sera l'œuvre du sentiment et de la raison humaine, entr'ouvrant les profondeurs de l'infini ; et alors, sur le même autel, la religion et la philosophie se tiendront embrassées. « Est-ce que Dieu ne nous a pas donné deux ailes pour nous élever à lui, l'amour et la raison, » a dit Platon, peignant ainsi un des besoins absolus de notre nature. Peut-être ne sommes-nous pas éloignés de cette grande lumière, car il est tout à fait impossible de concevoir une société sans religion, il n'y en a jamais eu. Qu'on se figure seulement un homme sans religion, ce n'est plus un homme, c'est un animal; supposez-le athée, il a au moins une espèce de religion, la plus stupide, il est vrai, l'athéisme n'en est pas moins une religion. Tant il faut bien se persuader que pour l'homme comme pour la société, le besoin inextinguible de croire et d'exprimer sa croyance est inséparable de leur nature. Si tout homme de cœur et de sens doit protester énergiquement contre d'immondes superstitions, le genre humain tout entier proteste contre l'irréligion, et en appelle à l'Etre suprême sur la place publique comme dans l'intimité. Quel est donc l'être humain qui, en face de la mort ou tenant la main glacée de son amie ou de son enfant, ne se consulte pas sur le problème de la vie future?

Pour prier l'Etre suprême, se retremper dans sa sublime harmonie, il ne s'agit point d'aller en tel lieu, à telle heure, répéter comme un perroquet de tristes psalmodies. L'homme qui hésite à faire mal, prie ; celui qui fait bien, ou désire le faire, prie ; chaque pensée, chaque acte peut être une prière ou un blasphème. Puisque la religion est la plus haute expression de l'amour, pouvons-nous y fermer nos cœurs et nos yeux ! Tel, par haine aveugle contre les momeries du catholicisme, s'évertue à faire l'irréligieux, quand, au contraire, sa vive protestation est une marque de foi, une prière. Vous pouvez croire la prière absolument impuissante à conjurer l'évolution des phénomènes de la nature, mais elle ne peut, cependant, y être tout à fait étrangère. Son influence sur nous, sur tout ce qui a rapport à nous, ne peut être niée, puisqu'elle ravive en notre âme nos plus hautes, nos plus sympathiques émotions, surtout, cette prière en commun est la bonne, la féconde communion, le vaillant refrain du repas des égaux. Quand nos bataillons, entraînés par les chants de nos hymnes républicaines, portaient à l'Europe les prémices de la liberté ils priaient grandement, n'en doutez pas. Respectez donc le culte et la prière, qui ne doivent vous paraître puériles, un vain marmotage, que s'ils ont pour but la satisfaction de bas instincts individuels.

— Vos explications, Monsieur, sur ces graves matières, me rappellent une question que je me suis souvent adressée dès mon jeune âge. Je me suis toujours demandé pourquoi le Dieu d'Abraham et de Jacob avait chassé aussi durement Adam et Eve du paradis terrestre. Car, lorsqu'il les mit au monde, il savait que ces malheureux seraient damnés, puisqu'il sait le passé, le présent et l'avenir...

— Mon ami, votre curé a dû vous dire qu'Adam et Eve étaient libres de manger ou de s'abstenir du fruit défendu.

— C'est vrai, ils étaient libres, je le veux bien. Toujours est-il que Dieu savait parfaitement de quelle manière fâcheuse pour eux et leurs *enfants* ils useraient de cette liberté. Fatale pomme ! faible femme !

— Je ne puis en disconvenir, et ne saurais discuter avec vous ce point de théologie. J'ai moi-même déjà fait cette question à des savants, à des prêtres, qui m'ont dit ne pouvoir me répondre, attendu que je posais une question d'essence ; et là-dessus, ils se sont mis à broder des thèmes que je n'ai pas compris. Du reste, tous ces vieux rapsodes me préoccupent peu. Le paradis terrestre, l'épisode de la pomme, l'intervention de l'ange à l'épée flamboyante, sont des paraboles fugitives en partie renouvelées des cultes antérieurs ; car Moïse n'a fait que rajeunir les mythes qui l'avaient précédé.

Mais laissons cet incident, et revenons au principal sujet de notre entretien.

§ III

LIBERTÉ, FRATERNITÉ, ÉGALITÉ.

Vous vous rappelez, jeune homme, que nous avons dit que les éléments de la religion nouvelle seraient puisés dans les inspirations de la Révolution française qui, la première, inscrivit sur ses drapeaux, ces trois mots :

LIBERTÉ, FRATERNITÉ, ÉGALITÉ !

Trois termes qui correspondent à l'axiome de Jésus et peignent les trois aspects de notre nature, cette trinité humaine qui dit : *Sensation*, *sentiment*, *connaissance*.

— Expliquez-moi, monsieur, dans un court résumé, cette corrélation que je ne saisis pas bien.

— Jésus ayant affirmé le règne de l'amour, les conséquences sont trop faciles à tirer, pour que je m'arrête à vous les expliquer ; quant à la corrélation dont vous voulez plus spécialement parler, je vais essayer de vous satisfaire en quelques mots. Je vous ait dit que l'homme n'était qu'un agent, un des rouages du mouvement universel : dans cette situation, il sollicite et est sollicité, est sujet et objet ; il faut donc nécessairement qu'il arrive à tout le développement dont il est susceptible. C'est le droit même à la vie, c'est une des conditions de sa relativité avec ses semblables et avec l'univers : pour tout dire en un mot, la sensation appelant la manifestation, toutes deux doivent conclure à l'épanchement complet de l'être. L'humanité a donc un besoin inextinguible de liberté, sans quoi, elle serait annulée, périrait. Aussi, Locke a très-bien défini cette chère liberté par le mot *puissance*. Et il n'est pas seulement question de liberté politique, mais de liberté sociale, de liberté de l'âme sur la terre comme dans le *grand tout*.

On sait que la nature complexe de l'homme n'est pas seulement active, mais sensible; qu'elle ne peut s'exercer en dehors du sentiment ; que n'étant point une unité abstraite, mais *sociable*, il lui faut, pour vivre dans le milieu où elle a été placée, qu'elle se mette en rapport avec des natures semblables, pour qu'il y ait entr'elles échange de leurs facultés sympathiques. Dans ces conditions, l'homme doit donc agir suivant des inclinations *sentimentales* fraternelles, alors, il doit dire *fraternité!*

Et, ces besoins de nature sont tellement impérieux, qu'ils n'ont jamais pu être niés, malgré des obstacles formidables, inouïs. Leurs expressions ne sont certainement pas d'invention récente, quoique leurs premiers triomphes puissent être revendiqués par la modernité. L'on peut trouver la liberté vieille comme le monde; en effet, combien de fois, sous son saint nom, les opprimés n'ont-ils pas combattu leurs oppresseurs? Malheureusement ces révoltes partielles étaient sans grande portée, on ne connaissait pas suffisamment les trois termes qui devaient se compléter, armer définitivement les invincibles. L'égalité n'étant qu'imparfaitement connue, les rôles entre les combattants ne faisaient que changer de main. Ce qui rend aujourd'hui notre liberté complètement différente, c'est qu'elle a pour annexes l'égalité et la fraternité générales; jusqu'à nos jours, l'on ne connaissait qu'un point du triangle symbolique qui devait signifier unité! Il fallait que la Révolution française l'écrivît sur nos drapeaux aux trois couleurs, que nous devons religieusement conserver.

Aujourd'hui l'idéal du citoyen est donc d'aimer ses semblables comme soi-même et la loi du devoir par dessus tout.

Ainsi, vous comprenez que la *sensation* implique la *liberté;* que le *sentiment* appelle la *fraternité:* reste la *connaissance*, dont vous ne saisissez pas bien le résultat. Mais sachez pourquoi nous avons le droit d'être libres, le devoir de nous aider les uns les autres, alors votre intelligence vous fera arriver certainement à ce troisième terme dont vous cherchez l'explication, à l'*égalité.*

Oui, quoi qu'on fasse, quoi qu'on dise, vous revendiquerez toujours le droit d'être libre, parce que l'homme est égal à l'homme; vous éprouverez le besoin d'aimer, parce que c'est le premier devoir de l'homme en société; alors vous devrez conclure à l'égalité de tous les hommes, en vertu de leur nature.

— Jusqu'ici, Monsieur, j'ai suivi vos raisonnements assez bien, sans être pourtant complètement satisfait. Je reconnais que la liberté est un besoin irrésistible que l'homme veut acquérir et conserver à tout prix; quant à la fraternité, je ne puis entièrement la méconnaître, puisque j'en retrouve des traces dans mon cœur : mais pour l'égalité, je ne comprends plus bien, d'autant que vous m'avez dit que les hommes étaient inégaux en forces physiques et intellectuelles.

— Cette inégalité, qui vous préoccupe, n'est que secondaire ; il faudrait rompre avec tous vos vieux préjugés. D'ailleurs, réduite à ce terme, pourrait-elle autoriser l'arbitraire? Est-ce que dans une famille, l'aîné des frères, qui est ordinairement le plus fort, peut, à ce titre, s'établir en tyran? Toute agglomération humaine ne doit-elle pas la combattre, cette inégalité individuelle, qui peut désorganiser la communauté? Ne doit-elle pas comprendre qu'il faut le respect du faible, la liberté pour tous, si l'on veut garantir la sécurité de tous? « Le plus fort, dit Rousseau, n'est jamais assez fort pour être toujours le maître, s'il ne transforme sa force en droit et l'obéissance en devoir. » L'égalité dont je veux parler est indéniable devant la loi morale, base de nos devoirs et de nos droits ; de cette loi suprême, qui avant tout, nous commande de nous aider les uns les autres dans les efforts que nous devons faire pour atteindre notre unité.

— Mais comment constituer une unité, quand rien n'est égal, rien ne se ressemble?

— Vous dites que rien ne se ressemble ; oui, à votre courte vue? Mais toutes ces dissemblances n'en doivent pas moins former, sous divers aspects, une seule et même unité; le Dieu des chrétiens, qui est l'unification personnifiée, n'est-il pas en trois personnes? Enfin, croyez-vous à une première, à une seule essence?

— Certainement, car croire à plusieurs essences ce serait proclamer la pluralité des dieux; ce serait nier notre morale, perdre de vue le phare de notre activité, la connaissance des choses subséquentes où la logique peut nous conduire. Je sais que les principes premiers ne se prouvent pas tout d'abord; que c'est par l'étude des effets qu'on peut remonter aux causes. Je sais que si tous les hommes sont enfants de Dieu, tous doivent être égaux en devoirs et en droits au tribunal de sa justice; je sais qu'il doit être rendu à chacun suivant ses œuvres, et que c'est là la sanction du libre arbitre.

— Je vois avec plaisir, mon bon jeune homme, que vous me suivez avec attention. Je vais, si je puis, redoubler de zèle et de clarté pour me faire comprendre. Vous désirez savoir pourquoi nous voulons être libres; pourquoi nous devons nous aider les uns les autres; enfin, il vous faut une plus longue explication du fameux mot : égalité. Je n'en suis point surpris, ce prophétique aperçu, demanderait à lui seul un examen spécial fort étendu que je ne puis vous donner ici; car ce troisième terme renferme la science et le but, il complète la formule tout en l'ayant provoquée; c'est la conclusion que l'homme, toujours curieux d'étudier ses pensées, ses actes, puisse déduire des deux autres termes *certains* pour lui; du reste, si nous voulons raisonner sérieusement, nous serons convaincus que ces trois termes se sollicitent réciproquement, et, qu'isolés, ils ne présenteraient plus qu'une des faces de notre existence; tandis que réunis ils peuvent presque donner l'explication de l'énigme de la vie. Avez-vous une autre méthode à présenter pour expliquer la formation des sociétés et leur action en ce monde? Non. Je vous engage donc à ne pas perdre votre temps en de stériles recherches. D'ailleurs, quelques pages plus loin, je complèterai la formule dans son application pratique et vous verrez que ce n'est pas le rêve d'un halluciné.

En résumé, si les hommes ne sont pas égaux, comment les appeler à la liberté? S'ils ne doivent être tous libres, comment pourraient-ils s'aimer fraternellement?

Est-il possible de croire que cette dévise qui a inspiré déjà de si grandes immolations ne puisse avoir aucun sens; que tous les humains qui sur la surface du globe frémissent et agissent sous son étincelle, soient pris de folie? Qu'on nous dise les plus fous, de ceux qui la défendent au prix de leur sang, après l'avoir comprise dans la simplicité de leur cœur, ou de ceux qui, encore trop bimanes, la méprisent parce qu'ils sont indignes de l'apprécier. Dans tous les cas, lors même que l'inégalité serait inévitable, ne faudrait-il pas, autant que possible, en diminuer l'abus!

— Lorsque je vous entends parler d'égalité, je ne puis m'empêcher de prêter l'oreille pour savoir si l'on ne vous accuse pas d'être ou *communiste* ou *partageux*.

— Tout cela n'est que pitoyable calomnie à l'usage de privilégiés insensibles, d'aveugles égoïstes pour mieux exploiter la nombreuse race des imbéciles. Vous n'avez pu croire qu'en vous parlant d'égalité, j'aie voulu plaider en faveur d'une égalité chimérique, aussi peu accessible au genre humain, qu'elle paraît éloignée des desseins de la nature; je n'ai voulu vous parler — avec Condorcet — « que de cette égalité de devoirs et de droits, de liberté et de responsabilité qui, nés du sein des mêmes croyances sociales et politiques, du même enseignement moral, trouve sa consécration dans le développement normal du principe de la souveraineté du peuple. »

— Il me semblerait alors que l'inégalité des conditions serait dans la nature des choses ?

— Vous me posez là, jeune homme, une bien grosse question qui pourrait nous entraîner très-loin. Je vais tâcher de résumer ma réponse :

D'abord, il ne faudrait pas confondre l'égalité dont nous parlons avec la hiérarchie qui est l'union graduée des aptitudes et des forces de la société, le signe, la distinction du commandement et de l'obéissance, sans lesquelles toute association se trouverait indéfiniment livrée à l'anarchie. Ceci établi, passons à notre démonstration de l'égalité, telle qu'elle est comprise aujourd'hui, et n'a jamais eu d'autel sur la terre. Jadis il y avait bien une égalité particulière dans la caste, le temple et le prétoire, mais l'égalité du genre humain n'était connue ni pratiquée. Si elle fut pressentie par quelques individualités supérieures, elle attendit son heure dans le silence. Je l'ai déjà dit, notre égalité n'a commencé qu'avec le christianisme, et vous savez au milieu de quelle affreuse tourmente elle a cheminé, et combien elle est encore imparfaite; mais on n'en est pas moins arrivé à reconnaître le principe; quant à l'application réellement efficace, elle se fera attendre, sera peut-être longue, douloureuse, par suite de la résistance aveugle des privilégiés. Ce n'en est pas moins le but forcé qu'il nous faut poursuivre. Atteindrons-nous l'égalité des conditions? je n'en sais rien; je ne veux dire que ce ne soit pas possible, car, ce qu'on a déjà ajouté aux travaux des temps passés est immense. Nous est-il permis de poser des bornes à ce qu'on pourra y ajouter dans la suite? Tout dans la nature, disent les savants, tend à créer son unité, son niveau, à faire essor vers cette loi suprême, bien naturelle, puisqu'elle émane, comme je vous l'ai dit, d'une suprême unité; et pourrait-il y avoir unité sans égalité? Si donc, vous croyez à une divine harmonie, de quelque façon que vous retourniez mes propositions, vous trouverez toujours la fonction nécessaire des trois termes que la Révolution française enfanta dans son transport sans pareil !

D'ailleurs, du point de vue restreint où vous voudriez vous placer, cette inégalité serait encore relative et douteuse : vous croyez la voir, la sentir tout autour de vous, en raisonnant par abstraction ; mais relativement au travail de l'ensemble, quelle est-elle ? Celui qui vous paraîtra mériter le moins sera peut-être digne de la plus haute récompense, car la mort n'est qu'une transformation, et si l'homme est mortel dans ce monde sublunaire, il est immortel dans le ciel infini. N'en avons-nous pas le pressentiment, lorsque par un mouvement instinctif les regards et les vœux du faible opprimé se portent vers les cieux et en appellent à la vengeance du juste contre l'iniquité ?

Dans tous les cas, il est un fait certain, c'est que cette inégalité, aujourd'hui moindre qu'autrefois, doit tendre chaque jour à s'amoindrir encore. N'oublions pas qu'il y a à peine quatre-vingts ans que la Révolution éclata. Si l'on compare les conquêtes qu'elle a déjà faites, au temps qu'il a fallu pour obtenir celles qui les avaient précédées, on est réellement émerveillé, et les tristesses du présent peuvent être bien soulagées par les espérances d'un prochain avenir. Par exemple, le droit au travail, à la subsistance, sera de mieux en mieux pratiqué ; sans obtenir l'égalité des conditions, *sans affaiblir surtout les divers degrés d'une hiérarchie indispensable*, la répartition des bénéfices et des charges de la sociabilité devra se faire d'une manière plus équitable. On ne sera plus réduit à voir la plus grande partie du genre humain manquer du nécessaire, quand la minorité regorgera de tout : et je suis convaincu qu'on peut arriver là sans éprouver les secousses violentes qu'on a déjà essuyées. Oui, l'on peut à l'aide d'une éducation rationnelle, d'une bonne instruction distribuée loyalement, obtenir des résultats rapides, étonnants ! Combien les sociétés n'ont-elles pas subi de transfiguration ? Qui pourrait mettre une borne au perfectionnement de nos facultés, dont les progrès sont liés à la durée de la planète où nous nous agitons. « Envoyez-nous votre esprit, Seigneur, et la face de la terre sera changée. » (Jésus.) Il est vrai que le catholique habile prétend que les prescriptions évangéliques n'ont guère d'application que pour l'autre monde. Halte-là, Pharisien, je vois percer le bout de ton oreille, tu parles ainsi pour te faire meilleure part en celui-ci ; puis-je ne pas le croire, puisque tu fais si mal, que dans ta bouche le plus bel enseignement social devient presque lettre morte pour la société.

— Vous êtes bien bon de dire qu'on lui voit le bout de l'oreille, il est facile de découvrir sa laideur tout entière ; mais je ne puis croire que le progrès des lumières n'en fasse pas bientôt justice.

— N'en doutons pas. L'obstacle que le novateur judicieux rencontre ne peut l'arrêter, ce n'est qu'un aiguillon qui fait doubler l'effort. Ainsi placés entre un monde qui finit et un autre qui veut naître, nous pouvons demeurer quelque temps irrésolus, inquiets. Nous voyons l'égalité proclamée et dans l'effet une pratique très-imparfaite, très-fourvoyée ; alors, il se livre en nous un combat terrible entre la doctrine et le fait qui la nie. Les uns sont dominés par elle et sont novateurs, les autres ploient sous le fait et tombent dans le scepticisme ; mais ce ne peut être pour la société qu'un état transitoire, un mouvement en avant lui est toujours ordonné.

— Alors, Monsieur, vous me semblez quelque peu incliner vers le fatalisme.

— Distinguons. Vous ne pourriez pas croire que le mouvement universel pût être neutralisé par un de ses agents : mais l'homme a été placé dans une série diverse des autres êtres, je vais essayer de vous le démontrer.

§ IV.

DU LIBRE ARBITRE.

Nous allons toucher à l'un des points les plus tourmentés par les diverses écoles philosophiques et religieuses. J'éveille de nouveau votre attention. Ce n'est pas que je veuille aller nous perdre dans les nuages de la métaphysique, je vous parlerai le plus simplement possible et pour ne pas nous égarer, sur cette grave question, nous ne sortirons point des sentiers les plus battus.

Le dictionnaire de l'Académie nous dit, « le libre arbitre est la faculté par laquelle l'âme se détermine à une chose plutôt qu'à une autre; c'est la puissance que la volonté a de choisir. »

En effet, les moralistes ont reconnu, comme chacun de nous peut le reconnaître, que l'homme est soumis à deux influences sous lesquelles s'exercent tous les actes de sa vie, celle des passions et celle de son intelligence. On a donc eu raison d'affirmer que la véritable activité humaine devait être la subalternisation des passions par l'intelligence.

Mais pour que de cet antagonisme résulte une balance, une harmonie, il ne faudrait pas que l'une de ces deux influences voulût aveuglément écraser l'autre, car l'homme est un être à la fois intellectuel, moral et physique. Il faut donc, ainsi qu'on l'a dit, que la sagesse sache faire la part au feu; pour que notre activité puisse sans cesse se retremper dans la raison et le sentiment, sans appeler à son aide cette fausse doctrine de la grâce inventée par une théologie surannée.

Nous avons dit : il n'y a point d'effets sans cause; or, tous nos actes ne sont-ils pas le résultat d'un choix? Toutes nos déterminations ne sont-elles pas réfléchies? Est-il un seul d'entre-nous qui n'ait éprouvé le contentement ou le reproche de la conscience « cet œil de la providence, » cette quintessence de notre être, née avec nous, veillant toujours sur nous, nous éclairant la bonne route à suivre! Si l'homme n'était pas libre, s'il n'était doué d'une vertu particulière, pourquoi serait-il perpétuellement balancé entre deux rôles qui l'attirent sans cesse, bien d'un côté, mal de l'autre, il suivrait invariablement sa voie; ne saurait ni bien ni mal, serait irresponsable. Il n'en est point ainsi. L'homme n'est pas seulement sensation comme la brute, il est de plus capable de raison; et cette activité morale prend sa source dans l'union indécomposable du sentiment et de la raison. S'il n'écoutait que le sentiment, il pourrait tomber dans le contemplatif, s'annuler, ou s'égarer dans des excès contraires ; s'il ne faisait appel qu'à la raison pure, il tomberait dans le doute de tout ce qui est extérieur à lui. Il n'est donc actif et libre qu'en exerçant ses facultés de sentir, de raisonner, ce qui lui permet de déduire du monde réel celui de l'intelligence.

L'erreur intolérable des théologiens est d'avoir voulu faire de l'homme deux parts; et, pour voiler cette incohérence, d'avoir inventé cette singulière doctrine de la *grâce* qui est la négation même de toute justice en Dieu.

J'entends le charitable catholique me traiter d'athée, de matérialiste. J'aurais bonne envie de lui répondre avec Bayle, « ne vaut-il pas mieux un peuple athée qu'un peuple idolâtre; et ne serait-il pas meilleur que les hommes n'eussent pas de religion que d'en avoir une fausse; » mais vous pourriez donner à ma réponse une portée qu'elle est loin d'avoir. Je crois fermement à une initiation suprême, et au châtiment de l'injuste, non-seulement ici bas, car l'on a dit en pleine vérité : « l'enfer est dans le cœur des méchants ; » mais je crois aussi que l'être, en subissant sa transformation par la mort, y trouvera sa récompense ou la peine qu'il aura méritée pendant son passage sur la terre. Enfin, si l'homme ne peut changer la loi des phénomènes, il n'est pas étranger à leur évolution. Il n'a sans doute été laissé libre que pour se mouvoir dans le cercle de ses attributions avec plus ou moins de dévouement, de sorte qu'il recueillit dans ses transfigurations, à mesure qu'il pénètre dans le temps, suivant la valeur qui doit lui être accordée.

— Alors, vous concluez au dogme de l'immortalité de l'âme?

— J'y conclus d'autant mieux que je ne l'ai jamais abandonné. Je vous dirai même que j'ai toujours éprouvé, comme d'instinct, une grande répugnance contre ses détracteurs. Si jamais, je me sentais de force à faire une instruction sur un aussi profond sujet, je dois vous dire que j'emprunterais probablement mon point de départ à certaines hypothèses émises par les druides, ces éducateurs de nos pères, ces déistes fameux qui, dans la naïveté de leur cœur, au fond des forêts de leur Armorique préférée, atteignirent sur ce sujet à des hauteurs de vue que toute la civilisation orientale n'a point dépassée et qui peuvent encore nous éclairer aujourd'hui; ma démonstration pourrait donc invoquer sa tradition. En attendant mon avis, je vous engage à lire le beau travail que M. Henri Martin a publié dans son histoire de France, si justement couronnée par l'Académie française. Vous verrez que notre vieil occident, le génie de nos pères ont été beaucoup trop négligés, trop sacrifiés au profit des méthodes pédagogiques de la civilisation orientale, surtout de celle d'Aristote et sa docte cabale. Mais heureusement, tout ce qui est une fois associé à la création ne peut plus périr, ainsi que les druides l'enseignaient. Enfin, l'élément gallique que les confesseurs du moyen-âge avaient cru étouffer se réveilla et la réforme fut une de ses premières étincelles. Bientôt le phénix soulevant ses cendres, l'idéal gaulois, l'esprit actif, aventureux, rénovateur de nos aïeux brilla d'un nouvel éclat dans les récents orages. Ce fut le renouvellement de cette vieille lutte entre l'ultramontanisme, successeur du patriciat romain, et l'esprit indépendant, indomptable des enfants de la Gaule qui dans l'antiquité avait représenté ce besoin du nouveau, en opposition à ce formaliste orient, encore aujourd'hui attardé sous le joug de l'indifférence et du fatalisme.

Quant à ce que le catholicisme a raconté sur la vie future, à la suite des fables du paganisme, vous devez y faire peu d'attention. C'est un roman invraisemblable, criminel même, puisqu'il ose inventer des peines éternelles pour des fautes passagères, et surtout un dieu sans miséricorde. Avec sa passion de faire peur aux faibles, il n'en a pas moins singulièrement affaibli le précepte vrai, salutaire des récompenses et des peines, c'est encore un des faux services que sa fallacieuse charité à rendu à cette pauvre humanité.

Vous trouvez, sans doute, que cette définition du libre-arbitre s'éloigne de celle de la scolastique. En effet, le catéchisme vous dit : « L'homme a été créé pour connaître, aimer et servir Dieu. » Jusque-là nous pourrions nous entendre, il s'agirait de s'expliquer plus largement : mais le catholicisme, avec cette effronterie de despotisme qui le caractérise, ne craint pas de donner la régle fixe, immuable, inexorable, hors de laquelle, suivant lui; il ne peut y avoir de salut : c'est là son erreur, abominable erreur qui a inondé la terre de larmes et de sang. Tandis que la philosophie, science de la vie, tout en affirmant un principe de mouvement, devant lequel elle se reconnaît responsable, en déclarant que l'homme a reçu de ce principe supérieur le germe de la loi qu'il devra faire fructifier, que c'est là son devoir, ne le croit pas moins doué d'une portion de liberté particulière qui le guide sur le choix des moyens à employer, afin de satisfaire à sa tâche. Je vous l'ai déjà dit, l'homme ne pourrait absolument transgresser sa loi, mais il a la liberté de mériter plus ou moins sur la route à parcourir, et qui change d'aspect suivant l'ellipse du temps.

Et cette liberté propre à chacun de nous, et qui n'est certes pas d'invention humaine, combien ne plaide-t-elle pas en faveur de toutes les autres dont l'humanité peut-être éprises. Assurément, si le libre-arbitre est la faculté du choix, de la détermination, il faut nécessairement que cette faculté puisse s'exercer entièrement au moral comme au physique, sur un terrain débarrassé de toute entrave, et invoque l'égalité, l'éducation commune.

Prenez de quelque côté que vous voudrez l'examen des facultés de l'homme, vous arriverez toujours à rencontrer l'un des termes de la devise que le magnifique élan de 1789 nous a fait arborer.

Voici l'explication sommaire, vulgaire; que je puis vous donner sur ce libre arbitre tant agité. C'est à peu près celle du genre humain tout entier, au moins dans son principe général; c'est sur elle que toutes les sociétés ont fait reposer la morale, les lois et le droit de punir.

Maintenant que j'ai constaté le but, prouvé les tendances qui nous y portent, il faudra nous occuper de l'art, des moyens d'application.

— Ce sont précisément ces moyens qui me préoccupent et dont le fonctionnement ne me paraît pas facile à démontrer, c'est pourquoi j'ai à vous soumettre encore plus d'une observation.

— Je n'en suis point surpris. Mon enseignement, que je crois pourtant fort clair, à la portée de l'intelligence la moins exercée, pourvu qu'elle soit attentive, s'éloigne beaucoup de celui que vous avez reçu. Ayez la patience de m'écouter jusqu'au bout, j'ai la confiance de vous satisfaire.

— Je vous écoute avec attention, car je sens que vous parlez le langage de la sagesse.

— Je vous ai dit que la liberté était bien

plus un moyen que le but même. Je vous ai dit que le but était le bien du plus grand nombre par l'égalité de devoirs et de droits, l'égalité devant et pour la loi, afin de conserver l'ordre dans la communauté, où tous se doivent à chacun, comme chacun se doit à tous. Alors le droit individuel devient aussi sacré que le devoir social; lors même que celui-ci serait reconnu supérieur, l'autre n'en serait pas moins son corrolaire obligé.

— J'admets avec vous, Monsieur, que la liberté et les progrès qu'elle provoque soient de grands biens, puisque nous faisons les plus sérieux efforts pour l'obtenir, et qu'il soit impossible que tout cela puisse conclure à une absurdité ; alors il n'y aurait plus rien de vrai dans le monde, Dieu et la vertu seraient de vains mots et nos désirs de pitoyables chimères. Je suis donc d'accord avee vous sur ce point. Ce qui me tourmente, c'est que cette liberté, cette égalité, ne puissent être fécondées que par la fraternité : alors, je doute, parce qu'en examinant la société, j'y vois l'homme suer l'égoisme par tous ses pores.

§ V.

DE L'ÉGOÏSME.

— Jeune homme, ne vous passionnez pas avant de jeter anathème à l'individu, à la société ; il faut me dire ce que c'est qu'un égoïste. Vous me répondrez que c'est un homme qui rapporte tout à soi. Je comprends qu'un solitaire, qui vivrait en dehors de toute communauté, pourrait peut-être essayer d'une tentative pareille, il est seul ; mais l'homme qui vit en société, comment agirait-il ainsi ? C'est une double erreur de son sentiment, de sa raison. Il ne peut, tout au plus, qu'augmenter ses douleurs personnelles et celles de ses semblables, sans jamais se satisfaire. Prenez garde, vous voyez mal, ou plutôt vous regardez trop bas. « Les hommes fripons en détail, dit Montesquieu, sont en gros d'assez honnêtes gens ; ils aiment la morale. »

Si vous ne consultez qu'une individualité isolée, vous êtes exposé à rencontrer une espèce de monstre tout égoïsme en apparence, car il a encore, quoiqu'il fasse, quoiqu'il veuille, une parcelle de sentiment fraternel caché sous sa nature inférieure. Combien d'égoistes s'ignorent eux-mêmes ; mais formez un groupe, et vous verrez que chacun des membres qui le composent donnera une somme de sentiments sociables suffisants pour conserver la collectivité, tandis que l'égoiste pur ne pourrait fournir que des résultats négatifs, passagers. En définitive, si l'égoisme pouvait triompher, les sociétés n eussent pu se former ou seraient mortes depuis longtemps : c'est l'ignorance qui est le principal instigateur de l'égoisme. On finira par comprendre, avec Montesquieu, « que l'égoisme est un mal pour tous, et que la justice pour autrui est une charité pour tous. »

L'égoisme absolu est donc aussi impossible que le mal absolu. Si la lutte entre le bien et le mal n'existait pas, y aurait-il lieu à changement, à progrès ? Non, tout eût été immobilisé dès le premier jour de la Genèse. — « Le mal a été probablement mis dans le monde contre le bien, comme la mort contre la vie : l'un devant être le remède de l'autre. » (Victor Hugo).

D'ailleurs, agir toujours, n'est-ce pas toujours souffrir ? Et désirer, n'est-ce pas être condamné à un perpétuel effort ? C'est le flux et le reflux des passions, la lutte éternelle entre ces deux génies que l'antiquité peignait partout combattant sur ce champ où le libre arbitre, l'activité morale trouvaient une carrière immense, tout en ouvrant de nouvelles voies au mouvement progressif, et en satisfaisant aux conditions de l'ordre général. Tout est vivant, tout souffre dans la nature ; la loi de la gravitation régit tous les êtres. Le principe de vie n'a pu rien faire de mort, de complètement inerte. Il faut en faire son deuil, la douleur et la vie sont deux sœurs inséparables : elles prennent l'homme au berceau et vieillissent avec lui.

C'est le balancement de ces deux forces qui maintient le mouvement, conserve l'équilibre. De même, dans le domaine de la pensée, cet antagonisme se produit sans qu'aucune supériorité définitive puisse l'emporter. Le bonheur parfait n'existe pas plus que le mal absolu. Le temps, l'incident paraissent leur donner tour à tour une prééminence passagère, mais le dernier mot appartient toujours à la sagesse éternelle.

Pour l'homme, il n'y a probablement, en ce monde, qu'une éclaircie de bonheur dans la faculté qu'il peut avoir de s'élancer libre et fier vers les plus vastes horizons; de sacrifier à ses plus hautes aspirations; de savourer les douceurs d'une existence bien conduite; c'est pourquoi la liberté a été toujours regardée par les esprits d'élite comme le plus beau, le premier des biens, puisque le bonheur doit être dans le bien, et non le bien dans le bonheur.

« Ce n'est donc pas une vaine utopie de croire que ce souverain bien est d'aimer religieusement le monde et la vie, d'écouter les leçons de la philosophie, et de marcher vers l'avenir au nom de l'idéal, de l'amour et de la réalité. » (J. Reynaud.)

Evidemment l'homme doit s'aimer soi-même, mais être sociable; il doit s'aimer aussi dans les autres. L'amour humain est double dans son unité, et a deux modes de manifestation ; tantôt il est à l'état purement personnel, tantôt il est plus porté à la sympathie, qui est aux âmes ce que l'attraction est au corps.

Mais l'égoïsme, tel que le vulgaire croit le comprendre, n'existe pas ou n'est qu'une anomalie. Avec cet égoïsme impossible, comment expliquerez-vous les sacrifices de tant de générations versant leurs larmes et leur sang à la recherche d'un bien qu'elles ne feront qu'entrevoir, qui ne servira qu'à leurs petits neveux ? Comment expliquerez-vous ce dévoûment de l'homme pour l'homme, dont nous sommes journellement témoins ? Je sais que l'éducation peut élargir le sentiment fraternel comme tous les autres, mais le germe certain en a été déposé dans tous les cœurs ; il est inné, indestructible. Ce sera un sixième sens, si vous voulez, qu'aucune institution humaine n'eût pu créer, ne saurait détruire. Vouloir faire remonter à Jésus seulement l'affirmation de la fraternité humaine, ce n'est pas soutenable. La propagande, plus opportune, mieux entendue du Nazaréen, a pu lui donner une force qu'elle n'avait pu encore obtenir en la portant de la *caste* à la *gens*. C'est là tout son succès, et lors même qu'on reconnaîtrait cette révélation prêchée par le catholicisme, il n'en faudrait pas moins confesser que l'homme était, par sa constitution physiologique et morale, apte à la recevoir, à la faire fructifier. D'ailleurs, Jésus, ainsi qu'il le répète, « n'a fait que compléter la loi » ; il n'eût pu l'inventer.

Mais quittons ces hautes sphères ; voyons d'un peu plus près. Cherchons dans la société la moins idéale, la moins sympathique, cet égoïste que vous croyez heurter à chaque pas. Cet être abstrait, sans passé, sans lendemain, où peut-il être ? Nous voyons, au contraire, qu'il n'est pas un seul membre de la société, quelle qu'elle soit, qui ne satisfasse continuellement à des actes de convention des plus inutiles, souvent des plus déplorables. Tel égoïste, qui se pavane en sa petite personne, n'en satisfait pas moins volontairement ou forcément, à chaque instant de sa vie, à des us et coutumes puériles, fatigants, à des préjugés qu'il déteste, des traités imbéciles qu'il méprise, dont il souffre quelquefois cruellement.

Non, mon ami, croyez-le bien, ne se fait pas égoïste qui veut, et jamais on ne peut l'être absolument. Ah ! si l'éducation et l'instruction étaient mieux organisées, répandues d'une manière tout à fait libérale, vous verriez votre égoïsme se modifier profondément. Il n'y a que la mauvaise éducation qui affaiblisse chez l'homme ses bons instincts et qui puisse le rendre plus personnel que sociable. Heureusement, tout cela se modifie et devra se modifier de plus en plus. Nous pourrons souffrir plus ou moins, c'est à notre disposition jusqu'à un certain point ; mais il faudra que ce qui doit être soit. Les calculs de l'intérêt bien entendu suffiraient presque à nous donner la victoire. Coûte que coûte, il faut marcher, il faudra arriver.

§ VI.

DU PROGRÈS.

Vous n'avez sans doute pas oublié, jeune homme, que la transformation et le progrès continus étaient la loi générale de l'univers ; que vivre ce n'était pas seulement changer mais continuer ; que la vie de l'homme était essentiellement complexe, évolutive et progressive, qu'elle s'avançait dans une direction et suivant un ordre constants, en s'éloignant chaque jour de plus en plus de ce qu'elle avait été à l'origine, quoique le but final soit ignoré.

— Oui, monsieur, vous m'avez dit en termes aussi clairs qu'incontestables que pour l'homme, vivre, c'était désirer, raisonner, agir. Si cette explication n'est pas celle d'une philosophie transcendante, c'est assurément celle du plus solide sens commun, dont il ne faut pas nous écarter. Effectivement, désirer, c'est faire effort afin d'obtenir ce qu'on n'a pas ou mieux que ce qu'on a ; raisonner, c'est connaître, se rappeler, comparer, choisir ; et agir, c'est s'avancer résolûment à la conquête de ce que le désir a fait naître et de ce que la raison prescrit. D'après cela, l'homme serait perpétuellement tourmenté de la recherche du nouveau, du meileur; alors, cette quiétude béate, cette tranquillité sépulcrale si chère à tant de gens, serait une illusion ?

— Sans aucun doute ; ces tristes impuissants, dont vous voulez parler, sans grands vices ni vertus voudràient former un monde à leur image. Toute nouveauté les effraie, ils croient à la fin de toute chose parce qu'ils ne sont déjà plus ; mais l'humanité ne peut s'arrêter ; marche, marche ! lui crie la voix du destin, et il faut qu'elle s'agite dans une gestation sans fin : car, « *le présent, né du passé, est gros de l'avenir.* »

Telle est la loi du progrès ; c'est-à-dire le fait d'une activité constante, enfantant des faits toujours nouveaux, plus étendus, s'enchaînant les uns les autres.

Dès que l'homme a reconnu cette loi d'avancement, il doit croire à sa nécessité, à sa continuité ; il doit savoir qu'il participe à cette loi générale de transformation dont tout le globe est signé à sa surface et dans ses profondeurs. Les savants avec la science et le cœur peuvent donc dire que l'humanité a été créée pour travailler à la modification de la planète ; que l'esprit lui a été accordé pour qu'il triomphe des éléments de la matière, et qu'en s'élevant toujours de plus en plus, il s'achemine vers le plus haut degré de perfection qui lui soit permis, afin qu'une autre créature plus parfaite lui succède, comme il a succédé à l'animalité, et comme celle-ci avait succédé aux corps bruts ; car le monde est une série d'existences qui ne peut pas plus finir que le ciel dont il fait partie.

D'après cette donnée, que chacun de nous s'interroge, il verra que sa tendance organique le pousse sans cesse à la recherche de son bien-être physique et moral, qu'il veut à tout prix améliorer sa position sur la terre par des facultés d'observation et de mémoire, en ajoutant ses propres travaux à ceux des générations qui l'ont précédé, tout en préparant une position meilleure à celles qui le suivront.

Désormais, la loi du progrès est indéniable, elle doit régner en souveraine, ranimer tous les saints zèles qui tendraient à se refroidir. L'antiquité l'a ignorée, ses moyens de vérification n'étant pas assez complets. Elle a pu aller fort loin dans l'étude de l'homme ; elle a pu analyser l'âme humaine, mais elle ne connût point l'humanité. En ce temps-là, l'astronomie, la géologie, l'anatomie comparée, l'embryogénie, la chimie, la physique n'étaient pas nées ou étaient très-imparfaites. Le destin réservait à nos jours le soin de compléter ses travaux, d'éclairer une partie de l'énigme du sphinx antique.

Du reste, ce ne fut qu'à la fin du XVIe siècle que cette doctrine si consolante, si féconde, commença de se produire d'après un plan sérieusement étudié. François Bacon publia, vers 1620, son traité sur l'analyse des facultés de l'humanité avec celle de l'individu, et il émit cette idée d'un progrès continu, sans rétrogradation possible. Cette route ouverte, plusieurs autres esprits éminents appuyèrent les théories du chancelier d'Angleterre. En Italie, c'est Vico qui sans parler positivement de progrès, fournit à sa démonstration des matériaux précieux, puis Boulanger, Buffon, Turgot, Montucla, une partie des princes de la science se donnèrent rendez-vous sur ce terrain tout nouveau.

Enfin, en 1794, du milieu de la fournaise, s'élança le plus convaincu de tous ces novateurs. Marie-Jean, marquis de Condorcet, dans son tableau des *Progrès de l'esprit humain*, résume et complète les travaux faits jusqu'à lui, avec une plume digne de cette grande œuvre, de son bon cœur et de son beau génie. Vous allez en juger par cette citation, dont vous ne serez pas surpris, puisque vous devez savoir déjà combien j'aime mettre mes appréciations personnelles sous l'égide de nos meilleurs esprits.

« Le progrès, dit Condorcet, est soumis aux mêmes lois générales qui s'observent dans le développement individuel de nos facultés, puisqu'il est le résultat du développement considéré en même temps dans un grand nombre d'individus réunis en société; mais le résultat que chaque instant présente dépend de celui qu'offraient les instants précédents, et influe sur celui des temps qui doivent suivre.

« S'il existe une science de prévoir les

progrès de l'espèce humaine, de les diriger, de les accélérer, l'histoire de ceux qu'elle a faits doit en être la base première.

« Si l'homme peut prédire avec une assurance presque entière les phénomènes dont il connaît les lois ; si, lors même qu'elles lui sont inconnues, il peut, d'après l'expérience du passé, prévoir avec une grande probabilité les événements de l'avenir, pourquoi regarderait-on comme une entreprise chimérique celle de tracer le tableau des destinées futures de l'espèce humaine d'après les résultats de son histoire? Le seul fondement de croyance dans les sciences naturelles est cette idée : que les lois générales, connues ou ignorées, qui règlent les phénomènes de l'univers, sont nécessaires et constantes ; et par quelle raison ce principe serait-il moins vrai pour le développement des facultés intellectuelles et morales de l'homme, que pour les autres opérations de la nature?

« Nos espérances sur l'état à venir de l'espèce humaine peuvent se réduire à ces trois points importants : la destruction de l'inégalité entre les nations, les progrès de l'égalité dans un même peuple, enfin le perfectionnement réel de l'homme.

« Y a-t-il sur le globe des contrées dont la nature ait condamné les habitants à ne jamais jouir de la liberté, à ne jamais exercer leur raison?

« La différence de lumières, de moyens ou de richesses observés jusqu'à présent chez tous les peuples civilisés entre les différentes classes qui composent chacun d'eux; cette inégalité, que les premiers progrès de la société ont augmentés et pour ainsi dire produite, tient-elle à la civilisation même, ou plutôt aux imperfections de *l'art social?* Doit-elle continuellement s'affaiblir pour faire place à cette égalité de fait, dernier but de l'art social, qui diminuant même les effets de la différence naturelle des facultés, *ne laisse plus subsister qu'une inégalité, utile à l'intérêt de tous, parce qu'elle favorisera les progrès de la civilisation, de l'instruction et de l'industrie, sans entraîner ni dépendance, ni humiliation, ni appauvrissement?* En un mot, les hommes approcheront-ils de cet état où tous pourront, par le développement de leurs facultés, obtenir des moyens sûrs de pourvoir à tous leurs besoins?

« Enfin, l'espèce humaine doit-elle s'améliorer, soit par de nouvelles découvertes dans les sciences et dans les arts, et, par une conséquence nécessaire, dans les moyens de bien-être particulier et de prospérité commune, soit dans les progrès, dans les principes de conduite et dans la morale pratique; soit enfin par le perfectionnement réel des facultés intellectuelles, morales et physiques, qui peut être également la suite ou de celui des instruments qui augmentent l'intensité et dirigent l'emploi de ces facultés, ou même de celui de l'organisation naturelle de l'homme?

« L'histoire répond affirmativement à ces questions; ainsi les différences entre les hommes ont trois causes principales : l'inégalité des richesses, l'inégalité d'état entre celui dont les moyens de subsistance assurés pour lui-même se transmettent à sa famille, et celui pour qui ces moyens sont dépendants de la durée de sa vie ou plutôt de la partie de sa vie où il est capable de travail, enfin, l'inégalité d'instruction. Or, ces trois espèces d'inégalité diminuent continuellement. Il est aisé de prouver que les fortunes tendent naturellement à ne pas s'agglomérer en quelques mains, si les lois civiles n'établissent pas des moyens factices de se perpétuer, et de les réunir dans les mêmes familles. Aujourd'hui, les hommes sont divisés en deux classes, celle qui vit en sécurité du revenu d'une terre ou d'un capital, et celle, qui est la plus nombreuse et la plus active, qui vit de son travail dans la dépendance et la misère. Pour que cet état ne soit plus, *il suffit que le crédit cesse d'être un privilége attaché aux grandes fortunes*; l'association, les tontines sur la vie paraissent de puissants moyens d'effacer l'inégalité qui pèse sur les hommes à leur naissance, puis la réforme de l'impôt, etc., etc.

« Dans l'avenir, l'inégalité naturelle de capacité *servira* au lieu de nuire ; et parmi les progrès de l'esprit humain, les plus importants pour le bonheur général, nous devons compter l'entière destruction des préjugés qui ont établi *entre les deux sexes* une inégalité de droits, funeste même à celui qu'elle favorise. »

N'oublions pas que ce testament d'un libre-penseur fut écrit d'un seul jet, sans livres, sans autre aide que la mémoire, le talent, et la tête sous le couteau. N'oublions pas, que lorsque Condorcet dût se frapper soi-même, pour éviter un nouveau crime à la démagogie, il le fit, comme Caton, sans trembler, mais ne désespéra point, et, l'on a pu voir que son dernier soupir fut une hymne au progrès, à la liberté !

Pendant qu'il traçait d'une main si ferme son lumineux tableau, quelques chefs des Jacobins voulurent faire sortir du chaos social, au milieu duquel ils se débattaient, un édifice nouveau, dont la base reposerait sur la justice. Hélas! pour une telle entreprise, ce n'était point assez de leur intelligence, de leur dévouement, ils durent succomber; au moment où ils croyaient toucher le port, tout leur manqua, hommes et choses; ils n'avaient pas été compris. Alors, il ne leur resta plus qu'à faire un dernier sacrifice en s'immolant au respect de la légalité ; ils le firent en stoïciens, en gens plus désireux de reconstituer un ordre social, même imparfait, que de défendre leur propre vie.

« Et sur la tombe de ces martyrs il est écrit un mot qui la caractérise. Sur l'une, *philosophie*. Sur l'autre, *éloquence*. Sur celle-ci, *génie*. Sur celle-là, *courage*. Ici, *crime*. Là, *vertu*. Mais sur toutes il est écrit : Mort pour l'avenir et ouvrier de l'humanité (*Les Girondins*, par Lamartine).

Parmi nos contemporains on doit compter aussi au nombre des apôtres de la doctrine du progrès, ce pacifique Saint-Simon qui a eu le malheur de donner son nom à une école un moment en relief, et qui ne tarda pas à se noyer dans des saturnales qu'on croirait empruntées aux mystères d'Éleusis.

Mais les plus forts, les plus complets de ces novateurs sont, sans contredit, les puissants écrivains de l'*Encyclopédie nouvelle*. C'est dans leurs travaux qu'il faut aller puiser les armes nécessaires à la défense de ce principe.

Si vous voulez les consulter, vous verrez, entr'autres affirmations, que l'homme, être sociable, mais périssable, est soutenu dans son perpétuel effort, par l'espoir que la société qui lui survivra profitera principalement du fruit de ses travaux, et pourra les continuer. Preuve que l'homme est sympathique et dévoué, preuve qu'il est perfectible et progressif, et que l'humanité doit l'être comme lui ; car, vous le savez, il y a solidarité entre chaque fraction de l'humanité. Si bien, qu'il n'est rien en elle qui ne se retrouve à des dégrés divers chez l'individu. — L'homme est réellement un petit monde. Toute la suite des hommes pendant tant de siécles, doit être considéré comme un même homme qui subsiste toujours et apprend continuellement. » (Pascal.)

Et nous, hommes du XIXe siècle, pourrions-nous refuser de croire au progrès, à ses mutations sur toutes les faces ? N'en voyons-nous pas les effets tout autour de nous ? Que le vieillard de nos jours veuille seulement se rappeler les premières années de sa vie ; qu'il compare l'état social dont il a pu voir les dernières ombres et celui d'aujourd'hui. La France, l'Europe, le monde presque tout entier, ne sont-ils pas métamorphosés ? En France, surtout, le spectacle est saisissant. Où trouverez-vous ces coutumes barbares, cette législation inhumaine auxquelles nous ne pouvons croire, quoiqu'elles soient mille et mille fois prouvées ? Où sont les bûchers, les gibets, les cachots que la superstition, dans ses fureurs de hyène, fit dresser pendant tant de siècles contre tant de martyrs ? Où est ce Saint-Office qui fit assassiner Calas ? Cherchez cette Bastille où Voltaire et Diderot gémirent. Que sont devenus ces droits du seigneur et ces priviléges iniques des prêtres et des rois ? Où voyez-vous ces chevaliers couverts de fer, luttant contre leurs victimes demi-nues ? Devant eux, la Révolution a dressé le monument de ses codes, bientôt les codes de l'Europe par le droit de la plus belle des conquêtes, celui du développement de la raison générale

Certes, il reste encore une longue route à parcourir avant d'arriver à des jours grandement meilleurs ; mais on est sur la voie, la marche est plus active, mieux éclairée : il a progrès dans le savoir, et savoir c'est pouvoir.

Espérons donc et marchons résolument !

§ VII.

DE LA MORALE.

— Nous allons nous occuper, mon jeune ami, de la partie la plus essentielle de notre entretien : nous allons parler de la morale, qui nous distingue si complétement de l'animal et qui a permis qu'il y ait humanité.

La morale, guide de l'homme, charte de la sociabilité, émanation la plus pure de son être, de sa conscience, de ce sens intime, de cette lumière intérieure par lesquels chaque homme se rend témoignage du bien ou du mal qu'il fait. Aussi, c'est sous cette égide tutélaire que nous devons nous placer pour connaître, conserver et améliorer notre action sur la terre ; car sans elle la société serait sans fondement, il n'y aurait ni devoirs ni droits.

La morale est donc la loi suprême ; elle est identique à la justice ; elle a réduit son commandement à la formule la plus simple, la plus naïve qu'il fût possible d'imaginer : « *Ne fais à autrui que ce que tu veux qu'il te fasse; fais-lui tout le bien que tu désirerais en recevoir.* » Elle est donc accessible à tous les hommes, jeunes ou vieux, faibles ou forts, intelligents ou peu éclairés ; à tous elle enseigne comment ils doivent exercer leurs facultés d'aimer, de raisonner, d'agir.

Alors la pratique du bien est la mise en œuvre de ces trois facultés s'harmonisant en faveur du devoir social.

Car, aimer sans comprendre serait folie, comprendre sans aimer, stérilité. La volonté d'agir, pour qu'elle soit humaine, doit demander son principe de vie au dévouement, à la connaissance, dans l'intention d'être utile aux autres et à soi-même :

Voilà l'idéal de la vertu !

Réduisant ces principes à leur plus simple expression, je dirai : l'humanité étant perfectible et progressive, cherchant à réaliser l'égalité par la fraternité, il devient facile de donner une signification précise à ces mots qu'on entend répéter si souvent, idées morales, actes moraux ; car il ne faut pas oublier que la morale est antérieure et supérieure à la science, qu'elle en est la source et le souverain juge, puisque la science n'est que l'art de prévoir, de faire agir les moyens pour atteindre le but proposé.

— En conséquence, suivant vous, monsieur, la morale positive serait tout ce qui tendrait à conserver, améliorer la société et l'individu. De cette manière, il est aisé de trouver la gradation qui doit faire juger du mérite de chacun ; l'on peut classer les plus grandes comme les plus petites actions, les œuvres du génie comme celles du plus obscur travailleur, c'est la pierre de touche pour la philosophie, la politique, les arts, etc.

— Vous m'avez compris, jeune homme, et vous pouvez ajouter que le but bien marqué, le but indéniable au IXe siècle, est, suivant les formules si précises de Condorcet et de Saint-Simon, *l'amélioration phy-*

sique et morale de la classe la plus pauvre et la plus nombreuse, sans porter atteinte au bien-être des classes moins déshéritées.

— C'est assurément un noble but, mais difficile à conquérir : les vertus sont si rares.

— Il n'y aura pas que ce qu'on appelle ordinairement vertu qui y coopérera, l'intelligence et l'intérêt bien entendu nous prêteront leur puissante assistance. Ce qu'on appelle communément vertu ne peut être seulement le perfectionnement de nos facultés par rapport à l'abnégation absolue ; il doit y entrer aussi le désir de satisfaire les besoins individuels. C'est vraiment folie de vouloir que l'homme se coupe pour ainsi dire en deux, qu'il renonce à son organisation complexe, qu'il ne réclame les satisfactions légitimes pour son esprit comme pour sa chair. Les premières doivent subalterniser les autres, rien de mieux, mais elles ne peuvent les anéantir ainsi qu'une détestable secte l'a essayé. D'ailleurs, pourquoi les vertus sont-elles si rares ? Parce que l'intelligence est plus souvent affaiblie que stimulée. N'écoutez pas ces larmoyeurs gémissant, le corps bien soigné, sur la corruption d'ici-bas. Eh pardieu ! pourquoi ne coulent-elles pas à plein bord, ces vertus désirées, puisque depuis plus de quinze siècles le catholicisme tient presque toute l'Europe sous sa férule ? Cherchons bien ; les vertus doivent être plus communes qu'on pense ? il est vrai que l'infidèle discoureur en a tant fait de fausses, d'exagérées, dans sa réaction aveugle contre le principe orgiaque qu'il serait prudent de s'entendre à nouveau sur ce fameux mot *vertu*. Ne perdons pas de vue l'état réel des choses. Qui croira que pour vivre dans le milieu singulier que le catholicisme nous a fait, il ne faille pas une plus grande somme de vertus ou de règles prétendues telles, que pour vivre dans un autre où la justice aurait meilleure part et où la saine raison aurait plus souvent voix délibérative. La compression à outrance doit produire les diversions les plus intempestives. L'expansion naturelle, rationnelle, est seule féconde, acceptable. De même, dans la politique, l'exclusion enfante les tempêtes, tandis que l'admissibilité facilite les transactions.

— Ah ! Monsieur, combien de douleurs seraient évitées ou allégées si cette vérité était généralement comprise.

— N'allez pas croire, jeune homme, que j'aie été conduit vers ces appréciations de notre destinée par une aveugle philanthropie ne tenant compte ni du temps, ni des hommes, ni des choses ; loin de là, je n'ai obéi qu'au calcul de l'évidence. Je ne veux et n'ai jamais voulu que l'ordre, l'ordre partout, l'ordre toujours ! Mais, pour nous, l'ordre n'est point au cimetière où l'on a que le soin d'aligner des cadavres ; l'ordre ne peut exister que s'il repose sur la justice et la liberté, sur le respect de ce sage équilibre inspiré par la vraie modération.

§ VIII.

ÉGALITÉ, VÉRIFICATION, SOUVERAINETÉ.

— Maintenant nous allons donner à tous ces principes des formules plus précises, immédiatement applicables.

— C'est là, monsieur, où je vous attends toujours. Vous m'avez dit qu'il ne s'agissait point d'établir sur le terrain actuel et brûlant de la politique, l'égalité des conditions, de passer un niveau aveugle sur l'ordre social. Alors, qu'entendez-vous pratiquement par ce mot égalité?

— Je vous ai dit : bien que l'humanité soit perfectible et ses progrès indéfinis, on ne pourrait proclamer dans l'Etat une égalité qui nous paraît aujourd'hui chimérique en présence des éléments dont la société est composée. Je ne parlerai donc que de l'égalité généralement admise en France, par les diverses écoles philosophiques, politiques et religieuses. J'en formerai cinq catégories :

Égalité morale : Je ne veux pas dire qu'on doive mettre au même degré toutes les intelligences, ce serait une absurdité. Puisqu'il doit toujours y avoir une différence entre le génie et la médiocrité, le bon et le mauvais vouloir. Mais, je veux que l'homme reçoive assez d'éducation et d'instruction pour qu'il puisse conserver le respect de soi-même, de manière à ne point être *abattu* sous une dépendance forcée ou volontaire.

Égalité civile : C'est ce que nos codes ont consacré, en déclarant tous les Français égaux devant la loi, et c'est aussi ce que d'autres peuples s'évertuent à imiter. Je conviens que cette égalité est loin d'être complète ; pour la femme surtout, elle laisse beaucoup à désirer. L'époux, il est vrai, n'a plus le droit de vie et de mort sur le fils, ni sur la femme.

— Je vous ferai observer, monsieur, que l'époux possède ce droit en certain cas.

— Oui, je le sais, c'est un dernier vestige des temps de barbarie dont, heureusement, il est fait un rare usage, et qu'on doit flétrir comme un assassinat si l'époux outragé n'a pour excuse l'égarement d'un véritable amour.

Quant à l'éducation, à l'instruction surtout, elles sont loin d'être convenablement accordées au sexe que nous devons aimer et protéger. Comme si ces deux sexes ne devaient pas avoir sur la terre la même destinée et obéir aux mêmes aspirations ! L'instruction peut être différente, je le reconnais; le sentiment étant prédominant chez la femme, il faut l'instruire par des moyens conformes aux besoins de sa nature. Mais la distance que la scolastique a établie est tout à fait impie. Pourquoi donc la femme ne serait-elle pas traitée comme notre égale ? N'a-t-elle pas assez prouvé qu'elle l'était par le cœur et l'esprit, malgré la tutelle d'ignorance où elle a été soumise ? Femmes, vos injustes maîtres ne sont plus élevés que vous que parce que vous êtes à genoux, levez-vous ! vous êtes l'une de nos plus chères espérances. Si vous saviez avec quel bonheur nous revoyons ces belles lueurs où brillèrent Héloïse, Jeanne d'Arc et toutes les héroïnes du XVIIIe siècle ; si vous saviez combien nous sommes fiers de rencontrer à nos côtés l'une des vôtres, celle que Michelet appela le premier prosateur du siècle, ce chantre incomparable de Consuelo, de Caroline et de tant de poemes immortels. Et des hiboux oseraient dire que vous n'êtes pas dignes d'être nos auxiliaires dans les hautes tentatives intellectuelles ! que vous n'êtes propres qu'à rester effacées au foyer domestique ! Un autre rôle vous appartient. Vous ne serez pas seulement les aimables, les bonnes ménagères de la famille, vous devez être citoyennes aussi. Venez à nous, car sans votre appui nous craignons d'être à moitié désarmés. C'est votre cause que nous défendons, nous libres-penseurs. Femme, resteras-tu l'instrument inconscient de dénaturés qui veulent t'abrutir? ange de nos rêves, mère de nos enfants, énivrant mobile des plus ardentes joies de la terre, resteras-tu étrangère aux célestes extases de l'esprit? N'écouteras-tu les voix généreuses qui te convient au banquet de ce grand amour chanté par le fils de Marie, le joyeux convive des noces de Cana, le judicieux moraliste du mont des Oliviers ?

— O monsieur, ce serait un bien grand progrès, digne du concours de tous ceux qui aiment et pensent; car, si l'éducation des hommes est très-imparfaite, celle des femmes laisse encore plus à désirer. A tel point, qu'il ne peut y avoir entre les deux sexes cette communion nécessaire, cet échange d'aspirations intimes qui seraient un si précieux soulagement dans les épreuves de la vie. Nous ne demandons certes pas que nos compagnes revêtent la toge ou l'armure, nous savons qu'elles sont principalement destinées par la nature à l'œuvre de la maternité, à l'élève du premier âge, aux soins du foyer; mais en seraient-elles moins intéressantes si leur instruction était plus élevée? Nous désirons seulement qu'elles partagent notre idéal, nos sympathies, et que de deux âmes le mariage n'en forme plus qu'une.

— C'est positivement ce que le jésuite repousse. En effet, s'il craint de voir l'époux lui échapper, il espère le retenir par l'épouse qu'il aura fascinée avec un soin tout particulier, car il sait qu'elle est la première éducatrice, et qu'en la dominant, il saisira l'enfant au berceau. Ne reconnaissez-vous pas là sa prévision satanique?

D'ailleurs, je ne veux pas délaisser ce sujet épineux sans m'en expliquer entièrement avec vous ; vous pourriez croire que cet appel à la femme soit un cri de révolte contre le respect de la famille, la sainte et nécessaire institution du mariage. Certainement non ! Ce que j'attaque, ce sont ces froids calculs de vanités détestables, cet odieux mercantilisme, qui la polluent, la déshonorent ; ce que j'attaque, c'est une subalternisation exagérée, c'est l'indissolubilité d'unions mal assorties, qui font du ménage un véritable enfer, causent une multitude de crimes dont la plupart échappent à la vindicte de la loi. Voilà ce que je combats à outrance; et je vous paraîtrais plus immoral que ces hypocrites qui, pour conserver quelques jours de plus leur despotisme aux abois, détruisent sourdement ce que la société a le plus intérêt à conserver religieusement.

Enfin, après l'égalité civile vient l'égalité pénale, c'est-à-dire qu'il n'y a plus pour les crimes et délits qu'une même sanction applicable à tous. Le temps est passé où le meurtre d'un vilain était racheté moyennant une amende de quelques écus, jamais acquittée.

Viennent ensuite l'égalité politique ou intervention égale de chaque citoyen dans les affaires du pays; l'égalité d'encouragement et de protection pour tous ceux qui, par des moyens moraux, cherchent à améliorer leur position comme pour ceux qui veulent conserver leur bien-être.

Vous voyez bien, jeune homme, que cette égalité n'est pas rêve de cerveaux creux, et qu'on peut bien, sans être un utopiste, espérer plus qu'on n'a obtenu.

— Oui, Monsieur, je sais que l'égalité civile, l'égalité pénale sont édictées dans nos

Codes, mais dans l'application, vous conviendrez qu'il y a encore beaucoup à faire.

— Enormément, il est facile de le reconnaître ; le privilége n'abandonne pas sa proie sans essayer de la ressaisir de mille manières, mais il sera forcé de céder devant la force des choses. Ça ne va pas aussi vite que vous le voudriez, impatient jeune homme, mais ça va. Les lois s'améliorent dans leur texte et dans leurs applications. Ces bureaux d'assistance judiciaire ne sont-ils pas un nouvel hommage rendu à l'égalité ? Ne s'est-on pas aussi occupé d'améliorer la loi pénale ? L'admission de ces circonstances atténuantes pour les crimes et délits, n'est-elle pas une des plus brillantes conquêtes dues à l'esprit réformateur de la Révolution ?

Et ces écoles qui s'élèvent de tous côtés, ne prouvent-elles pas que l'égalité morale n'est pas entièrement délaissée quoiqu'elle soit servie très-misérablement.

Quant à l'égalité politique, j'espère qu'elle a fait un grand pas du censitaire à douze cents francs au prolétaire sans feu ni lieu.

— N'a-t-on pas été trop loin ?

— Je le crains. J'aurais désiré qu'on échelonnât de deux degrés ce vote universel. Non pas que j'aie jamais voulu prendre la richesse pour base du droit électoral, mais la capacité au moins présumée : car, ne faire appel qu'à la richesse serait élever un autel à un Moloch impur, adorer le dieu de la nuit; puisque c'est l'esprit qui doit gouverner la matière. Vous verrez un peu plus loin dans le plan de constitution que je vous soumettrai, de quelle manière je voudrais voir organiser ce vote redoutable.

— Cependant, vous conviendrez, monsieur, que si le vote universel n'a pas donné à la démocratie tout ce qu'elle avait le droit d'en attendre, il a été loin de produire les désordres que les privilégiés en espéraient ; car ce vote n'a été accueilli en 1848 aussi facilement par l'aristocratie, que dans l'espoir qu'elle le verrait se noyer bientôt dans ses propres excès. Elle s'est trompé à demi.

— Vous venez de trouver là, mon ami, l'explication de plus d'une sombre énigme politique. Ainsi, dans les plus douloureuses tourmentes révolutionnaires, sondez la plaie, vous y surprendrez la main habile du privilége, détournée, provocatrice, forçant la défense d'aller jusqu'au délire. Vous connaissez, sans doute, le mot de l'émigration à Coblentz : — « Puisque nous ne pouvons les vaincre, forçons-les de s'entre-dévorer ! »

Quoiqu'il en soit, l'égalité politique s'exerçant par le vote universel est un fait désormais bien acquis, et, je suis convaincu que si l'on tentait d'y porter atteinte, il renaîtrait bientôt plus exigeant que jamais.

Ce n'est pas que je refuse de croire que les anciennes bases du droit n'aient eu leur légitimité, mais à l'heure présente, elles n'ont plus de raison d'être. La superstition du droit divin s'est éteinte quoi qu'on ait fait pour la raviver : c'était naturel. Quelle doctrine assez aveugle ou éhontée pourrait aujourd'hui soutenir que l'immobilité de dogme et d'autorité doive être, lorsque la diversité et la mobilité sont partout ?

Aussi, il faut affirmer absolument que la

souveraineté réside dans la volonté du peuple universellement et librement consultée, que là est la source de son principe, de son action et de son but.

§ IX.

DU POUVOIR.

— Vous avez accepté, m'avez-vous dit, le principe de certitude précédemment exposé et ses conséquences radicales; alors, il vous sera facile de déduire le principe d'autorité qui doit présider aux règles du devoir social, puisque la société doit le puiser en son propre sein, dans les qualités, les aptitudes dont la toute-puissance lui a fourni le germe : la voix du peuple n'est-elle pas l'écho de celle de Dieu ?

En conséquence, le fait d'autorité snr un pays ne peut être le résultat d'un accident, d'une combinaison purement individuelle ; pour qu'il soit légitime, il faut qu'il demande son droit à la volonté générale qui forme et conserve l'agglomération confiée à sa garde.

L'homme, être sociable, en s'isolant, perd sa portion de souveraineté : non seulement il ne peut commander à ses semblables, mais il n'est plus qu'une monstruosité ; il ne doit plus compter, soit comme père de famille, soit comme directeur politique ; il n'a plus de morale, *ne pouvant plus faire à ses semblables tout le bien qu'il désirerait en recevoir.* En vain, l'égoïste, le fédéraliste invoqueraient-ils la souveraineté de la conscience individuelle, on leur opposerait avec pleine force et raison la souveraineté du genre humain sur laquelle repose tout le droit des gens.

Nous devons donc conclure que le principe d'autorité, assis sur *l'expérience* et *le consentement*, est absolument identique à celui de la souveraineté du peuple, et qu'il n'y a que ce pouvoir qui puisse légitimement légiférer pour le présent et l'avenir.

Ces principes reconnus, ainsi placés sur un terrain commun, nous pouvons discuter sur leurs formes, sur leurs modes de manifestation dans le temps.

— Alors, monsieur, vous me permettrez de vous faire observer de nouveau, qu'à mon avis, l'on n'a pas apporté les tempéraments qu'il eut été peût être prudent d'employer lors de l'établissement du vote universel. J'ajouterai, que mes inquiétudes sont loin de s'affaiblir, lorsque je vois un pouvoir temporaire en être le résultat; car, sans stabilité tout devient précaire, et cet ordre auquel vous paraissez si fortement attaché, se trouve sans cesse menacé.

— Mais, jeune homme, cet ordre dont vous voulez parler a-t-il jamais existé dans votre organisation monarchique, éventuelle, purement contractuelle entre quelques individus? Nous avons toujours vu, au contraire, l'instabilité en permanence couvant l'anarchie dans son sein, et la fomentant dans la société par ses intarissables exigences. Une dynastie s'éteint ou est brisée par une rivale, tous les vices de la caste sont déchaînés, les intérêts généraux semblent n'être plus rien. Vous devez pourtant connaître les affreuses tourmentes qui ont signalé le règne des *Ré-*

gences ; tandis que, dans le gouvernement du pays par le pays, le souverain est toujours là immuable, immortel. Dans cette forme de gouvernement, le pouvoir exécutif n'est qu'une délégation changeante, modifiable sans que l'ordre social puisse être sérieusement ébranlé. Je sais que les aveugles, les attardés s'effrayent du mouvement de la place publique qui n'est qu'une expression toute naturelle de la vie, de la bonne santé d'un peuple. L'agitation du forum n'est-elle pas préférable au silence d'une nécropole ou aux horribles angoisses des champs de bataille ?

En définitive, l'anarchie démocratique n'est qu'une supposition, car ce genre de gouvernement est loin d'avoir été suffisamment expérimenté, en temps ordinaire ; tandis qu'en parallèle nous pouvons mettre l'anarchie monarchique avec ses milliers d'années. En France, seulement, depuis quatre-vingt ans, quelle sécurité a-t-elle donnée votre royauté ? dans le passé si triste, si sanglant, si ténébreux, certains individus, certaines familles, certaines castes ont pu se dire les délégués de Dieu, et en cette singulière qualité ont cherché à tout dominer; mais un protestantisme perpétuel les a tenu constamment en échec. N'oubliez donc pas que ce passé si vanté aux yeux des ignorants, par la servilité dorée, n'est qu'une longue traînée de désordres, d'abominables tueries ; le privilége n'ayant souci que de tenir *le sujet* continuellement en haleine dans la guerre. C'est facile à expliquer : la paix conduirait au travail, à l'aisance, et de l'aisance à l'instruction il n'y a pas loin ; alors, l'examen, le contrôle, se feraient jour : calculez les conséquences pour toutes ces têtes couronnées. Dès qu'un individu, une famille, une caste, une institution se singularisent, et elles y sont conduites fatalement, elles ne peuvent plus sympathiser avec la volonté générale, elles tendent inévitablement à se séparer du centre, deviennent chaque jour plus avides. C'est pourquoi, il n'y a jamais eu de bons rois dans le vrai sens du mot. Il y a eu des monarques plus ou moins bien intentionnés, je ne le nie pas. Vous pourrez trouver dans l'histoire une multitude d'édits, d'ordonnances rendus dans de bonnes intentions, mais ne vous y trompez pas, ils ne prouvent que la multiplicité et la persistance des abus contre lesquels la royauté cherchait à réagir. Le roi se plaignait, l'aristocratie faisait la sourde oreille ou neutralisait tous les moyens de réforme. D'ailleurs, peut-on admettre qu'une génération ait le droit d'enchaîner toutes celles qui la suivront ; comment se figurer une société éclairée se soumettant à toujours au joug, au hasard de la fatalité héréditaire, en conservant un fétiche, quoi qu'il dise, quoi qu'il fasse, de qui peut naître un monstre qu'il faudrait presque adorer ! Après Marc-Aurèle, je vois Commode; après Louis XII, un Henri III ; après le Béarnais, un Louis XV. Ma liste ne finirait pas.

— Cependant, monsieur, la France a gouvernée pendant plusieurs siècle même famille.

— Cela est vrai ; aus ces rois est le mart

Vous pouvez lire les chronologies de ces prédestinés du droit divin, écrites par leurs historiographes patentés qui n'ont certainement pas exagéré le récit des vices, ils ont dû au contraire beaucoup les atténuer. Eh bien ! vous saurez à quoi vous en tenir sur la moralité de ces *pères du peuple.* Et cette histoire n'est pas seulement écrite sur le papier, elle l'est aussi sur le granit. Vous ne ferez pas un pas sur notre sol sans heurter les débris de ces donjons, tristes témoins des poignantes douleurs que nos pères ont endurées. De plus, durant ces temps néfastes, la discorde, tout en déchirant l'état, rongeait le sein de ces familles de rois et de tyrans qui, dans leurs fureurs, rappelaient sans cesse celles de ces Atrides ne finissant jamais ; et pendant que ces grands s'entre-déchiraient, les petits gémissaient décimés par des famines, des maladies affreuses, résultat ordinaire de guerres continuelles. Quel bel ordre on avait là !

« O Révolution, avènement de la loi, résurrection du droit, sainte réaction de la justice ; » que tu as tardé à venir ! Enfin, tu as paru, et une génération de héros s'est levée pour te servir.

Grands cœurs qui, de leur sang, nous ont fait la Patrie!

La Bible l'avait bien dit, « contre l'ennemi la revendication est éternelle. » L'on croyait le patient abattu pour jamais, et tout à coup, il se mit à écrire les *Cahiers* de 89. Et malgré les effroyables tempêtes d'une époque sans exemple, rien ne périt de ce qu'il y avait d'essentiel dans ce court moment vengeur de tant de siècles d'iniquités.

Ah! si la royauté avait suivi les maximes de celui dont elle cherche à se faire un abri; si elle eût écouté Jésus lui disant : « Celui qui voudra être le premier parmi vous devra se faire le serviteur de tous, » elle n'eut pas été tant disputée, et la Révolution ne fut pas devenue le plus saint des devoirs.

On a dit qu'en ce monde, le mieux ne surgissait guère que de l'excès des maux. Si cela était vrai, ce serait profondément triste. Il serait donc sage de tâcher d'effacer, au moins en partie, ce sinistre tableau, à l'aide du progrès des lumières, qui éclaire l'art de prévoir. Essayons de faire moins mal qu'autrefois, puisque nous en avons le désir, que l'époque paraît s'y prêter ; pourquoi ne tenterions-nous pas de fonder le règne du bien, du mieux, au nom d'un progrès régulier, pacifique, en organisant un pouvoir qui, loin d'être un contempteur des aspirations nouvelles, serait, au contraire, porté à les favoriser ?

Mais, pour en arriver là, il faut tout d'abord renoncer à la monarchie. Si l'on pouvait avoir un monarque sans aristocratie, peut-être y aurait-il lieu à réflexion sérieuse. Malheureusement, il n'y a pas de Cour sans courtisans ; et l'on sait ce qu'il en coûte.

— Ah ! Monsieur, ce ne sera pas facile. Je sais que la monarchie est pleine d'inconvénients, nous venons d'en subir un exemple terrible. Eh bien ! voyez la France, elle paraît presque l'avoir oublié. C'est à ne croire ni ses oreilles, ni ses yeux ; elle se prendrait volontiers à ne rien regretter de ses stupides étourderies. Elle paraît même écouter avec faveur tous ces misérables qui, en déshonorant la tribune, la presse, les lettres, la font accourir autour de leurs carrosses de charlatans.

— Productive exploitation de l'ignorance, et vous espéreriez que le privilége ait le dessein de la faire cesser, de dérouler à la foule le sinistre tableau du passé d'une manière exacte, claire, irréfutable. Il dirait peut-être encore que les révolutions sont faites par la canaille, ce qu'il y a de sûr, c'est qu'il ne pourrait suffisamment dissimuler qu'elles ont toutes été rendues inévitables par l'égoïsme intolérable de la valetaille en livrée.

Enfin, c'est pour éviter le retour périodique de ces perturbations si préjudiciables aux travailleurs, que le peuple doit conserver sa souveraineté.

Voyons un peu quelles sont ces monarchies que la courtisanerie offre à l'ébahissement des peureux, des illettrés.

Serait-ce la monarchie absolue, de droit divin ? Celle-ci, au moins, a les apparences d'une espèce de logique, fort mal étayée, il est vrai.

Elle se fait demi-dieu. Le peuple est sa chose taillable, corvéable à merci. Or, en l'an de grâce 1871, le peuple, tout peu clairvoyant qu'il soit, consentirait-il à redevenir la chose de ces messieurs? C'est peu probable.

Aussi, tous les hommes sensés qui penchent encore vers cette utopie tout à fait irréalisable, devraient se hâter de s'en détacher sans retour, comme plusieurs l'ont déjà fait. Leur obstination à ne plus tenir que par un fil au drapeau blanc prive l'Etat de leur appui, de leur lumière, de leur honnêteté. Pourquoi ne viendraient-ils pas se placer loyalement sur le terrain de la République ouvert à tous, et où ils pourraient occuper un rang bien préférable pour des gens d'esprit à un tabouret dans l'antichambre d'une royauté sans prestige. Bizarrerie humaine! Tel aime mieux se lier à un maître qu'il peut détester, que de rester indépendant et fier sur un théâtre où il exercerait toute la plénitude de ses facultés.

Quant à M. de Chambord, qu'on dit homme de sens, peu ambitieux, qu'il s'enveloppe dans son drapeau, dernier linceul de sa race ; et le bonhomme le croit si bien, que, ne voulant pas servir de hochet à certains de ses partisans en délire, il s'applique à publier des manifestes qui le rendent de plus en plus impossible, lui font opérer une retraite honorable en apparence, mais très-visible pour qui sait lire. C'est une sage manœuvre dans l'intérêt du repos de son auguste personne ; car je crois que, de tous les Français, le plus contrarié serait lui, qu'on forcerait à se poser sur la tête une couronne, couronne d'épines assurément.

Jetons un coup d'œil sur la monarchie dite représentative. Celle-là a l'air de sauver les dehors ; mais si on l'examine à fond, si l'on veut faire jouer ses ressorts, on voit qu'elle est boiteuse, ne va que d'un pied, tantôt sur celui-ci, tantôt sur celui-là. Enfin, elle me semble un paradoxe.

— Permettez, monsieur, vous devez cependant savoir que plusieurs peuples vivent sous ce régime.

— Oui, transitoirement. Il n'y a pas deux

cents ans que le plus ancien gouvernement de ce genre, celui d'Angleterre, est institué, et le voilà déjà lézardé, battu en brèche : en effet, ce gouvernement ne peut être qu'un expédient passager ; il n'offre aucune affirmation de principes claire, nette sur laquelle l'ordre puisse reposer solidement. J'en reviens toujours à ce besoin d'unité sans quoi tout languit ou devient stérile.

Mais, dans une démocratie bien organisée, il n'y a plus qu'une tête, une pensée directrice et des associés obligés de se soumettre à la volonté générale, non sans discussion, sans lutte, puisque la vie est un combat, mais la lutte du bon combat, celle de l'intelligence. Il faut absolument que le syllogisme remplace la brutalité du canon, les émotions du forum celles du champ de bataille, et que le vœu de la majorité donne la victoire. C'est-là notre infaillibilité, à laquelle tout membre du corps social doit se soumettre, en restant libre, bien entendu, d'en appeler *par les voies légales* à une nouvelle information ; c'est ainsi qu'on fermera le champ du sang, et que le respect absolu de la loi, notre unique palladium, fortement inculqué dans le cœur des jeunes générations, écartera les secousses désordonnées; car celui qui voudrait se révolter contre les décrets de l'Assemblée nationale, commettrait la plus grande des forfaitures et devrait être frappé sans pitié!

— Ainsi, monsieur, vous pensez qu'il faut conserver la forme républicaine que nous avons aujourd'hui.

— Oui, je le pense. Cependant, ma franchise m'oblige à vous dire que si la République n'existait pas et que si je l'eusse tenue en mon pouvoir, je doute qu'elle se fut produite en ce moment; tant je crains que ce peuple ignorant, si sottement vaniteux, si frivole ne soit encore indigne de cette grande et féconde idée. Quoiqu'il en soit, la République existe par un fait extraordinaire, et qu'il serait inutile d'expliquer ici, il faut la conserver. C'est un terrain neutre, rendez-vous de toutes bonnes volontés, et que des esprits prévenus ou infimes sont seuls capables de répudier.

Il est une autre raison capitale, décisive, en ces malheureuses circonstances; puisqu'il faut payer la Prusse que nous n'avons pas voulu combattre : dans cette situation, impossible à changer, le président de la République, homme éminent, bon Français, possède assez la confiance du capital qui tient la clef de la position, pour nous permettre d'arriver sans trop d'encombre à la libération du territoire ; aussi, ceux qui par une opposition tracassière, malveillante, entravent sa politique, sont des aveugles, des insensés ou des scélérats; je ne veux pas dire que notre président soit impeccable; je ne veux pas dire qu'il ne faille pas discuter sur les moyens; discutons, discutons, mais en bons citoyens dévoués aux intérêts pressants du pays.

— Je vous retrouve avec plaisir toujours fidèle à votre devise libérale et pacifique, à cette noble lutte des intelligents d'où la lumière doit jaillir.

— Jeune homme, j'y reste d'autant plus attaché qu'il serait tout à fait impossible de l'oublier. Vous savez qu'à cet égard, l'autorité même absolue de nos anciens rois a été impuissante, puisque vous avez pu voir ces millions de pamphlets étalés dans nos bibliothèques. Est-ce que la protestation de celui qui souffre, les utopies de celui qui pense peuvent être étouffés? c'est au bon sens public à en faire justice. L'on peut à un moment passager apporter des entraves ; mais, à notre époque, vouloir mettre la chandelle sous le boisseau, c'est bêtise ou félonie. Avec les communications si faciles, avec cette passion du voyage qui s'est emparée de toutes les classes de la société ; avec cette facilité de reproduction de la pensée par la parole, l'imprimerie, la télégraphie, les éteignoirs deviennent un meuble inutile ou dangereux.

A moins d'être bouché de tous les sens, il faut reconnaître que la liberté de la pensée doit triompher de tous les obstacles, que c'est un fait imposé et non une invention de la philanthropie. Un seul exemple : n'est-ce pas pendant ce demi et faux silence du second empire que l'Internationale s'est formée, développée? La compression impériale n'a fait que charger plus fortement la bombe qui peut éclater d'une manière si fâcheuse pour tous, si une politique ferme, prudente, équitable, libérale, ne vient y faire obstacle. La force seule serait inefficace, ne ferait que prolonger la crise. Car, il faudrait pourtant que les chefs du capital ne se dissimulassent point que cette force qu'ils ont sans cesse à la bouche, n'est formée que de bras qui peuvent leur manquer; que cette force n'est point en eux, ils devraient y réfléchir très-sérieusement.

A votre air, jeune homme, l'on pourrait croire que vous me prenez pour un *communeux*; cependant, les doctrines que j'ai émises jusqu'ici sentent peu le fédéralisme et le pétrole. Oh! que mon bon sens me garde d'essayer jamais d'excuser en quoi que ce soit les égarements d'une partie de l'Association internationale dans l'abominable insurrection de la Commune de Paris. Ce crime est d'autant plus inexpiable pour les *sociétaires compromis*, qu'à l'origine, cette société a dû être formée par un grand nombre de gens animés de bonnes intentions, non pas seulement du désir de discuter la question du salaire, mais de préluder à cette grande et pacifique confédération européenne que le travail doit appeler de tous ses vœux, puisqu'il est le gage de la paix, de la fécondité.

Je comprends facilement que les travailleurs aient cherché à se réunir contre les patrons coalisés; mais il faut que ces travailleurs se persuadent bien qu'ils ne peuvent agir efficacement que par la discussion, la discipline la plus sévère. Le désordre est leur plus mortel ennemi! Qu'ils fassent valoir leurs droits par les voies légales, on finira certainement par les écouter dans les limites du possible. Est-ce qu'on peut leur fermer la bouche, ou arracher la plume de leurs mains? Le nombre n'est-il pas avec eux? Mais il leur manque l'instruction, la sagesse; qu'ils s'occupent donc de les acquérir, en allant plus souvent à l'école qu'au cabaret, en soutenant ceux qui défendent leur cause; il leur est facile de les reconnaître : ce sont ceux qui veulent les éclairer.

— Voilà précisément, Monsieur, l'épouvantail. Ces réclamations du salariat peuvent conduire très-loin. Quel ton devront-elles prendre? Quelles oreilles voudront les écouter? Vous ne réclamez pas pour la liberté de la presse une complète impunité.

— Loin de là, mon ami, la liberté ne peut être que le droit de faire ce qui ne peut nuire aux autres, elle doit être soumise à la loi du droit commun, agir à ses risques et périls. Je voudrais même, pour la rendre plus sérieuse, plus efficiente, qu'elle ne s'exerçât que sous la condition de certaines garanties. Cette liberté de la parole, de la presse notamment, étant loyalement réglementée, aurait une force supérieure à cette liberté illimitée, sans frein ni loi, que des égarés et des sycophantes prêchent, les uns si étourdiment, les autres dans l'espoir de la voir se flétrir, s'énerver. N'oubliez donc jamais le mot de l'émigration de Coblentz;

il est toujours à l'ordre de ces beaux messieurs.

— Je suis tout à fait d'accord avec vous sur ce point, comme sur celui où vous dites qu'une nation, si faible qu'elle soit de corps et d'esprit, ne doit pas devenir la proie d'un homme ou d'une famille, et que les prôneurs de droit divin qui ont gouverné sans relâche d'une façon si peu divine, ne puissent avoir crédit qu'auprès des ignorants et des serviles.

— Nous sommes donc parfaitement d'avis que la souveraineté ne peut résider en dehors de l'expérience et du consentement exprimés par la généralité des membres composant le corps social.

Dans ce cas, chaque fraction de l'ensemble ne pouvant exercer dans les détails sa part de souveraineté, la société, d'un commun accord, sous l'impression de la vie actuelle, se liant à la tradition de la vie des autres sociétés qui l'entourent, comme à celles qui l'ont précédée, se recueillant dans toute la plénitude de son bon sens, consent qu'elle choisira des arbitres, des représentants de la volonté du plus grand nombre.

Alors, le pouvoir devient essentiellement électif dans sa plus haute expression comme dans toutes ses délégations.

Il est temporaire afin qu'il se rajeunisse sans cesse au foyer d'où il est sorti.

Il est responsable ; car, chacun doit répondre de ses œuvres, l'irresponsabilité en cette matière, n'étant qu'une invention de sophistes monarchiques dans le but de couvrir les plus pitoyables méfaits.

Puis, pour faciliter le mandat souverain que l'Assemblée nationale a reçu du peuple, elle déléguera à un citoyen ou à une commission le soin de simplifier et de faire fonctionner les rouages administratifs.

Ce pouvoir un, central, temporaire et responsable, sera soumis au contrôle immédiat et permanent de l'Assemble nationale.

Les autres institutions qui organiseront le pouvoir judiciaire et le jury, auront la même source ; de sorte que toute la hiérarchie gouvernementale y trouvera également son origine et sa vérification.

Ainsi établis, ces pouvoirs autorisés devront fonctionner dans un but civilisateur, progressif, améliorateur sur toute la ligne de l'échelle sociale.

Car, dans une société bien organisée, le pouvoir ne doit pas se borner à faire de l'ordre public, être le commissaire de l'association ; il doit se faire, pour ainsi dire, la Providence de ses administrés, éclairer leur marche, s'opposer aux excès ; en un mot, il doit gouverner, c'est-à-dire prévoir, dans l'intention de faire le bien du plus grand nombre.

— Vous en demandez, en effet, bien long pour combiner d'une manière satisfaisante, les deux éléments de la monarchie et de la liberté.

— Vous comprenez, jeune homme, qu'elles s'excluent mutuellement, le monarque s'opposant toujours, le peuple ne pouvant obtenir qu'en arrachant. Il est impossible d'accoupler le mouvement et l'immobilité, la responsabilité et l'irresponsable, l'intérêt général et l'égoïsme particulier. Ce n'est pas comme je vous l'ai déjà dit, que dans l'état démocratique il n'y ait des émotions plus ou moins vives, c'est la condition de la vie. Mais le principal obstacle qu'on a été toujours obligé de briser par la violence ayant disparu, il ne restera plus que l'antagonisme entre les précurseurs trop pressés et les bornés ne voulant pas aller du tout. Quel bel exemple la grande République américaine n'offre-t-elle pas à l'admiration du monde? Elle a été pourtant formée des éléments les plus hétérogènes, les plus irréguliers. Chaque jour elle se recrute de tous les déshérités de l'univers : eh bien, croyez-vous que l'ordre y soit plus menacé que dans nos états à privilége! La liberté y est illimitée, mais tout se soumet aux instructions du sens commun. Il est vrai qu'il n'y a pas en Amérique, comme dans notre vieille Europe, une aristocratie qui cherche à tout paralyser.

— Je conviens avec vous, Monsieur, qu'on doit être émerveillé de l'ordre, de la prospérité, de la grandeur de ce peuple américain né d'hier et déjà supérieur à l'ancien monde s'épuisant dans ses vieux préjugés.

— C'est là notre pierre d'achoppement, mon bon jeune homme, le passé nous étreint, nous oppresse, voudrait nous étouffer. Les Américains ont trouvé un terrain neuf; tandis que nous, nous avons à débarrasser le nôtre de toutes les antiques superstitions. On a déjà beaucoup fait, il nous reste beaucoup à faire, mais ne nous lassons pas ; rappelons-nous, pour ranimer nos courages, combien les obstacles ont été tenaces dans le passé. Certainement, les tendances progressives n'ont jamais pu être annulées, mais elles se produisaient avec une lenteur désespérante. Enfin, après les grands jours d'Athènes et de Rome païennes, un homme de génie vint compléter la loi, en résumant dans son bon cœur, soit par réminiscence, soit par intuition, les formules vraies, simples, accessibles à tous, d'où devait sortir la solidarité humaine par la fraternité. Jusque-là, il faut le reconnaître, tous les pouvoirs avaient été à peu près inconscients du but où leurs efforts pouvaient les conduire. Ce n'est pas que leurs successeurs aient été beaucoup plus éclairés, plus dévoués : Non. Mais des leçons du Nazaréen il restait toujours quelque chose; elles étaient dans le bon sens, s'adressaient aux faibles, aux deshérités, elles ne devaient pas périr. C'était dans les bas-fonds de la société que le travail de renouvellement s'accomplissait. Aussi, quand il surgissait à la surface quelques effets de la marche progressive de l'humanité, c'est qu'ils avaient été soulevés par le bouillonnant du cratère. Certainement Louis-le-Gros, en favorisant l'affranchissement des communes, n'était pas conduit par la fraternité; Louis XI, en sapant la féodalité, n'était pas mu par le dogme de l'égalité, et ainsi de tous les autres, à peu d'exception près, qu'on les recherche parmi les Papes, les Empereurs ou les Rois.

Un seul pouvoir vraiment digne de ce nom, et tel que nous devons le comprendre, se leva avec la Révolution française; et, il ne nous coûte pas de dire qu'il se présenta armé de toutes pièces des principales affirmations de l'Evangile. Les trois assemblées qui se succédèrent pendant les premières années de cette laborieuse rénovation, déclarèrent qu'elles ne combattaient pas seulement pour le salut de la France, et plus encore pour défendre les imprescriptibles droits du genre humain; et l'on peut voir que tout ce qui est sorti de ces premiers Conciles de la démocratie a été marqué au coin du plus généreux témoignage.

Je l'avoue, le résultat est loin d'avoir répondu à l'attente, d'immenses obstacles restent à surmonter; mais, patience et courage, le jour viendra où les sociétés trouveront des chefs pour les conduire au bien, et ce sera facile, quand le peuple mieux éclairé saura contrôler ses mandataires; tout est-là!!!

J'ai dit que le pouvoir devait être un central; en effet, plusieurs directions, fomenteraient la lutte, l'anarchie. Il n'y a que l'unité de vue et d'action qui puisse obtenir la réalisation du plan conçu. Il faut donc que le pouvoir ait l'œil et la main partout.

Le fédéralisme, tel qu'une école nouvelle le propage, ne peut être, dans une société constituée dans un but commun d'activité, qu'une lettre morte, une tête stérile; puisqu'il procède par la diffusion, l'énervement des fractions qui devraient composer une homogénéité. En un mot, c'est la doctrine du désordre favorisée par les habiles, pour mieux exploiter l'égoïsme étroit, la bêtise, l'ingéniosité. Dans un but spécial, je comprends que plusieurs groupes, plusieurs nations se fédéralisent. Ce n'est pas là le fédéralisme que certaines gens voudraient propager. Pour ceux-ci c'est la souveraineté individuelle primant celle de la communauté. Je sais qu'il y a parmi les fédéralistes d'honnêtes gens égarés; et dans ce nombre je compte les Girondins qui, à mes yeux, sont les plus condamnables des politiques qui ont pris part à la Révolution, quoi qu'on puisse dire de leur talent et de leurs vertus. Lisez là-dessus ce que pense M. Thiers, sa haute sagacité ne fut jamais plus clairvoyante.

Oui, si les Girondins l'eussent emporté, la lutte devenait impossible contre l'Europe et l'émigration coalisées; c'en était fait pour longtemps de l'initiative française et de la Révolution. C'est donc à bon droit que leurs adversaires revendiquent comme leur gloire la plus sérieuse, d'avoir maintenu intact, au milieu d'un vrai cataclysme, l'unité, l'indivisibilité de la patrie, et d'avoir victorieusement inauguré l'ère des nations en opposition à celle des Castes.

Si je parle si souvent avec chaleur de la patrie, n'allez pas croire que j'en veuille faire le fétiche d'une vaine gloriole; si j'aime la France, c'est qu'elle est l'arche de la fraternité universelle, le giron ou viendra se souder tout ce qui a amour et volonté; a Dieu ne plaise que je veuille en faire la dominatrice orgueilleuse de ce monde, je n'invoque son génie que pour qu'il soit le bon génie de l'humanité.

— Ah ! monsieur, tous les cœurs droits doivent vous faire écho, puisqu'il ne faut plus rêver que de conquêtes par l'esprit.

Mais permettez-moi une observation. En vous entendant affirmer avec tant de zèle la doctrine de l'unité, je me demande si elle ne nous conduirait pas au despotisme à la suite d'un de ces moments d'égarement auquel nous sommes trop sujets.

— Par accident, peut-être; les meilleures choses peuvent être perverties. D'ailleurs, j'avoue que la centralisation a été exagérée dans les détails. Il y a, je crois, des réformes importantes à faire de ce côté ; mais soyons prudents dans ces réformes, n'éparpillons point les javelines de notre faisceau. Nous sommes encore trop loin de la fraternité universelle, quoique son règne arrive. N'en doutez pas, et répétons avec Boulanger (1750) : « On a dit l'Europe sauvage, l'Europe païenne, l'Europe catholique : on dira l'Europe raisonnable. »

§ X.

DE L'ÉDUCATION, DE L'INSTRUCTION.

— L'homme ne doit pas seulement conserver sa filiation corporelle, il faut aussi qu'il se perpétue spirituellement ; et, si le père, après avoir donné la vie à son enfant, doit veiller à la santé du corps, il a l'autre devoir plus impérieux peut-être de lui transmettre la loi morale, de le marier à l'humanité. Il devra donc développer en sa descendance, avec un soin infatigable, les sentiments, les aptitudes, les connaissances dont la nature nous a confié le germe, dépôt sacré qui, s'il restait inculte, ferait déchoir l'individu comme la société, neutraliserait les conquêtes déjà faites en s'opposant aux progrès futurs ; car l'homme appartient plus au monde qu'à soi-même, et l'enfant plus à la société qu'à celui dont il est né.

On a eu bien raison de dire que l'homme ne vivait pas seulement de pain, mais qu'il lui fallait absolument vivre par l'intelligence.

C'est pourquoi l'éducation de la jeunesse a toujours été regardée comme institution de premier ordre et a fait la principale préoccupation des penseurs ; c'est sur elle que se forgent les chaînons de notre solidarité ;

c'est elle qui fait la prospérité ou la décadence des nations.

Mais, pour que les éducateurs opèrent fructueusement, il faut qu'ils aient une base solide, une philosophie complète, qu'ils satisfassent sur tous les points aux besoins de sentiment, d'intelligence et d'action dont nous sommes incités, et nous rendent sociables.

En vain, de détestables sophistes ont voulu soutenir le contraire, ont osé déclarer que l'homme n'était pas éducable; alors, il serait le seul être animé qui soit privé de cette faculté, puisque l'animal et la plante sont aptes à être élevés. Voyez, jeune homme, jusqu'où l'aberration de cerveaux mal organisés peut aller.

C'est donc d'un point de vue complètement opposé que je vais vous parler ; vous allez reconnaître le fervent disciple de la doctrine, du devoir, de la solidarité.

Nous avons dit que l'humanité était progressive parce qu'elle est perfectible, et que la perfectibilité de l'homme se déduisait de son éducabilité.

Quoique l'éducation et l'instruction soient deux sœurs qui ne doivent pas être désunies, l'esprit de secte n'a pas craint de vouloir presque les séparer ou au moins donner à l'une sur l'autre une prépondérance trop marquée. Les catholiques, généralement, sont portés à négliger la seconde, jusqu'à la discuter ; tandis que, d'un autre côté, messieurs les éclectiques la placent au premier rang, trop en avant de l'autre ; les démocrates seuls les réunissent, n'apportent aucune restriction à leur commun enseignement ; parce qu'ils veulent réellement par tous les moyens imaginables répandre la lumière à flots sur la tête du peuple ; aussi, disent-ils hautement, éducation, instruction obligatoire gratuite et laïque, dès que ce sera possible ; et cela doit l'être avant peu.

— Alors, Monsieur, vous devez applaudir à cette liberté d'enseignement que le clergé même appelle, et que toutes les nuances du parti libéral acceptent.

— La mienne exceptée, je vous prie de le croire : au moins dans les conditions où on l'a placée, où l'on veut la faire fonctionner. Je sais que les jésuites ne craignent pas de se servir de ce mot liberté, mais gardez-vous de les écouter. Je l'ai vu poindre à son origine cette fausse liberté, sous le drapeau d'un libéralisme étroit n'ayant souci que de faire échec au pouvoir établi. Oui, j'ai vu tous ces libéraux sans portée subissant, sans s'en douter, la perfide et habile influence du jésuitisme qu'on croyait vaincu. Je les ai vus tirant les marrons du feu pour les Bertrands de Rome si bien préparés à les croquer.

Je m'étonne que votre bon sens ne vous ait pas dit que cette prétendue liberté offerte sous si mauvais patronage, ne pouvait être qu'un leurre, un brandon de discorde jeté au milieu d'une société inquiète, mal assise. C'était bien là le moyen de rompre cette unité nationale à laquelle la Révolution avait tant travaillé sous les plus généreuses inspirations. Enfin, votre prétendue liberté d'enseignement conclut à la confusion des langues, à réaliser le roman de la tour de Babel. Voyez-vous l'homme d'église soutenu de toutes les ressources du privilége, de tous les effarés à la remorque, se glisser comme un reptile près du berceau de l'enfant, l'enlaçant de ses replis tortueux, ne le quittant qu'après lui avoir fait sucer la haine de toutes les institutions modernes? Pouvez-vous croire que tous ces vampires vont de gaieté de cœur porter la lumière dans leur nuit. Ils savent trop apprécier ce mot du célèbre philosophe allemand Leibnitz, — « donnez-moi l'éducation pendant cent ans, et je changerai le monde. » Or, le despotisme ne peut chercher qu'à faire valoir les moyens serviles, féconde école : vraiment, pour des hommes qui doivent être citoyens !

Mais, quel est donc l'Etat assez aveugle qui laisserait livré à toutes les fantaisies, le soin d'élever les générations sur lesquelles reposent l'espoir de la nation ! La souveraineté du but doit tout illuminer. Est-ce que l'Etat ne doit pas primer la famille comme celle-ci prime l'individu ? Autrement, il n'y aurait plus de contrat social, la société ne serait qu'une agglomération d'animaux plus ou moins rétifs.

— Permettez, Monsieur, ne faites-vous pas aussi trop bon marché de la liberté du père de famille ?

— Si ce n'était un sujet aussi grave, vous me feriez bien rire avec votre liberté du père de famille, nouvelle invention insidieuse fort en usage chez messieurs les jésuites à longues ou courtes robes. S'il plait à votre père de famille d'élever son enfant suivant son caprice, à rebour du sens commun, l'Etat ne peut-il avoir le droit de le rejeter de son sein. Je sais que le droit de crainte peut avoir des limites, si celui de persuasion n'en a pas ; je sais que le libéralisme moderne ne peut imposer aux individus des règles invariables sur la conduite de la vie ; il n'appartient pas moins à l'Etat de ne rien négliger pour enseigner aux membres du corps social les meilleurs moyens de conserver et féconder la concorde et la production.

Ainsi l'État, au lieu de laisser pâlir la jeunesse sur un cathéchisme qui, trop souvent, révolte le sentiment et la raison naissante de l'enfant, pourrait offrir un cours de philosophie élémentaire cent fois plus facile à comprendre, à accepter que ces cours de théologie, auxquels la plupart des professeurs et des élèves ne croient point.

Enfin, à mon avis, l'éducation et l'instruction publique doivent être gouvernées par l'État sous le contrôle, bien entendu, de l'Assemblée nationale, qui, pour éclairer le pouvoir exécutif, nommerait un grand conseil consultatif chargé de choisir les œuvres classiques et d'inspecter les établissements scolaires.

Mais il faut que ces institutions soient placées sous l'autorité d'une inspiration suprême, quelles aient une philosophie, une science de la vie aussi complète que possible, tout en restant perfectibles dans leur marche de progrès continu, et dont on ne pourrait enlever aucune affirmation capitale, sans ébranler l'édifice, sans faire outrage à la raison. Tout cela, gênera, sans aucun doute, les calculs souterrains de messieurs les jésuites ; les dignes gens, la moindre tyrannie les exaspère. Combien ils doivent souffrir, lorsqu'ils voient la petite tirelire du pauvre père de famille se vider sous la main avide du fisc, réclamant des impôts trop souvent si mal établis, si mal employés ; lorsqu'ils voient ce malheureux père privé de son fils, soutien de sa vieillesse, pour être conduit à la boucherie ! Combien ils doivent maudire la guerre et les guerriers ! Tout au plus peuvent-ils les excuser en faveur des droits temporels du Saint-Siége et de ses affidés, sur lesquels reposent, comme chacun sait, toutes les félicités du genre humain. Hélas ! combien ils doivent gémir, dans leur for intérieur, quand ils se croient obligés de bénir de leur saint goupillon tous les gouvernements *de fait*, pourvu qu'ils soient assez riches pour payer leur budget. La robe du jésuite est réellement le suaire du martyr ! Cependant, tous les prêtres ne vont pas aussi loin en fait de liberté de père de famille, le bon Fénelon a écrit : « J'aime mieux ma famille que moi-même, mais j'aime mieux ma patrie que ma famille et le genre humain que ma patrie. » Il est vrai que Fénelon n'était pas jésuite, et sentait même l'hérésie.

Si leur père de famille agissait dans sa liberté vraie, naïve, je pourrais peut-être convenir qu'il y a quelques raisons de ce côté ; mais le père de famille trop souvent n'est pas libre du tout, ou ne l'est tout au plus que de s'enferrer, car de mille manières il reçoit la pression de cette arme traîtresse dont la poignée est à Rome et la pointe partout, comme le vieux de la montagne, le vieux des sept collines a semé ses assesseurs en tous lieux. Que le père de famille fasse bonne garde !

— Je suis tout à fait de votre avis, monsieur, car, vous le savez :

Pour soutenir des vœux, que le ciel autorise,
Périsse tout plutôt, c'est l'esprit de l'Eglise !

excusez cette réminiscence de collége.

— Je l'excuse d'autant mieux qu'elle est à sa place et combien d'autres apostrophes pourrai-je ajouter à celle de Boileau. Quand je m'emporterais hors des bornes, pourrai-je dépasser en blasphème ces forcenés mitrés, calottés, tonsurés qui ne cessent de nous anathématiser ? Oui, j'avoue que je puis aller jusqu'à la colère, quand je vois, sous le faux masque de religion, profaner ce qu'il y a de plus sacré en ce monde, Dieu et l'obéissance. Si sur l'Être suprême et l'immortalité de l'âme, l'expérience et le consentement ne peuvent nous faire atteindre l'absolu, ils arrivent au moins, à nous faire acquérir et conserver ces croyances consolantes, espoir de l'humanité souffrante, effroi de ses tyrans ! Et quand je vois un papisme éhonté propager les superstitions les plus folles, pour refaire les ténèbres, ne suis-je pas porté à lui reprocher d'être un contempteur de la divinité, un destructeur de morale, un perturbateur du repos des états et des familles ! Je sais fort bien qu'il y a parmi les prêtres d'excellentes gens qui souffrent cruellement du rôle qu'on leur fait jouer ; ceux-là, il faut les plaindre, leur être secourable, les défendre contre leurs orgueilleux saducéens ; je ne maudis que la tête de la faction, la pensée directrice ;

c'est là, jeune homme, où il faut frapper, où il faut diriger toutes les foudres de votre intelligence ; imitez-les, soyez sans pitié ! Je ne crois pas être un mauvais homme, et je vous avoue que je n'aurais probablement pas connu la haine si je n'avais rencontré devant moi ces vilains fantômes noirs.

Ah ! qu'on se hâte d'arracher l'éducation publique à ce jésuitisme intraitable. Quoi ! en 1871 on donnerait la jeunesse française à élever à un être placé en dehors d'une des lois les plus impérieuses de la nature, à un être qui dans le ciel n'a pas de nom. Mais, pour que la bonne éducation ne soit pas stérile, il faut quelle soit donnée et reçue dans les conditions les plus normales, les mieux ordonnées. « Il n'y a que l'homme de bien qui sache l'art d'en former d'autres. Un hypocrite a beau vouloir prendre le ton de la vertu, il ne peut en inspirer le goût à personne, et s'il savait la rendre aimable, il l'aimerait lui même. » (J.-J. Rousseau.)

Eduquer, instruire ne consiste pas à faire répéter de vains sons comme pourraient le faire des perroquets : il faut qu'il y ait entre le maitre et l'élève une communion complète de tendances, d'aspirations motrices de tout ce qu'il y a de bon, de juste, de sympathique dans nos cœurs ; il faut qu'il y ait un échange continuel de ces fluides magnétiques inexpliqués, mais très réels, puisque la voix d'un orateur peut de tout un peuple ne former qu'un esprit.

Et vous pourriez croire que du désordre d'organisations perverties, d'êtres en révolte contre eux-mêmes, puissent sortir des accents de concorde et d'harmonie ? Comment pourraient-ils instruire puisqu'ils ont refusé d'aimer ?... Oh ! ne m'approche pas, célibataire, respecte mon enfant, arrière, je ne sais quelle odeur s'exhale de ta personne, quelle amertume me saisit à ta vue ? Tu portes le marasme et la mort dans ton sein desséché par tes égarements solitaires ! Je te repousse, malheur à qui ose t'accueillir ! Sparte t'a frappé d'infamie, Athènes et Rome te condamnèrent et la France du XIXe siècle te confierait ses fils ? Cela ne peut être, cela ne sera pas !

— Monsieur, je me joins à vous et partage toutes vos répugnances. Je me demande souvent avec inquiétude, pourquoi une partie des classes dites éclairées qui se permettent de parler quelquefois de progrès, de civilisation, tiennent tant à remettre l'instruction publique entre les mains d'un clergé célibataire, séide d'une faction étrangère.

— Vous avez raison, mon ami, quand on étudie cette grave question avec calme, impartialité, on est vraiment stupéfait de l'imprévoyance de ces classes qui loin d'être éclairées, sont au contraire en proie aux passions les plus aveugles, lorsqu'elles refusent ou concèdent avec une parcimonie niaise, cette instruction si nécessaire à tous les membres de la communauté. Peut-être, s'expliquerait-on le but de cette politique, si l'on pouvait encore former des esclaves, mais l'esclavage a fait son temps et ne reviendra plus jamais ; de la sorte, ces privilégiés ne travaillent qu'à élever des agens plus ou moins incapables ou insoumis. Ne serait-il pas plus sage, d'un intérêt mieux entendu, d'en appeler franchement au sens commun, à tous les éléments civilisateurs, afin que le travailleur devînt assez moral, assez intelligent pour comprendre et respecter la loi, sauvegarde de tous, pour défendrea vec habileté le pays qu'il est chargé de nourrir par son travail, travail aujourd'hui très-imparfait et qu'on pourrait rendre beaucoup plus fécond, s'il était mieux éclairé ; malheureusement, un égoïsme étroit égare ces bourgeois si bêtement vaniteux. On les entend répéter à chaque pas ce sot bavardage : — Nos enfants en sauront toujours plus que ceux des petites gens ; d'ailleurs nous achèverons l'instruction sous le manteau de la cheminée. » Ce qui veut dire, qu'on apprendra à l'enfant à se garantir de la duplicité du voisin, tout en lui enseignant l'art de le dépasser en adresse. Or, le résultat de cette lutte insensée, est que tous les combattants y perdent, sauf quelques habiles qui tiennent les ficelles. Ces habiles sont messieurs les jésuites et leurs affidés qui font usage d'une certaine manière d'instruire très-propre à fourvoyer les éclaircies de sens commun dont chacun de nous a pu être doté.

Aussi, il ne faut pas nous le dissimuler ; si le parti clérical atteint son but, il aura bientôt tissé le linceul de la France, de cette France de 89 qui ne fut la lumière de l'Europe que parce qu'elle représentait l'esprit de la Révolution. Est-ce à dire que la doctrine du progrès s'éteindra? Certainement non, on ferait plutôt reculer le soleil ; mais une autre puissance s'en emparera, et nous ne serons plus, tristes Français, que des tributaires appauvris, flétris, tiraillés, regrettant notre ancienne grandeur, sans pouvoir la ressaisir.

— Je le crains comme vous, Monsieur, et je me suis souvent demandé si cette fausse liberté n'avait pas déjà suffisamment agi pour être une des causes de nos derniers désastres ; si elle n'a pas déjà affaibli cet idéal sans lequel une société n'est plus qu'un troupeau ; si la condescendance folle du dernier empire envers le pape, son plus grand ennemi, n'a pas rompu toutes nos alliances naturelles, surtout celle avec l'Italie, sur laquelle nous devions compter ; et si le sang versé à Mantana n'a pas été une première blessure faite à la France ?

— Vous êtes complétement dans le vrai, jeune homme, il ne devrait y avoir qu'une voix à ce sujet, et l'on parait passer légèrement là-dessus ; la direction de l'éducation morale d'un pays est pourtant la plus sérieuse affaire de la politique. Vous savez ce que je vous ai dit de la morale souveraine éducatrice, j'insiste de nouveau, il ne peut y avoir deux morales. Comprenez-vous un état, ayant une chaire autorisée où l'on enseignerait les droits de l'homme, les devoirs du citoyen, la satisfaction légitime des aptitudes ; et une autre, ayant le même titre, où il ne serait parlé que de soumission absolue, de compression à outrance, de servilisme, d'abstinence pour le plus grand nombre et de jouissance sans bornes pour le plus petit : c'est le comble de l'absurde, l'anarchie à perpétuité. . .

Les novateurs parlent beaucoup en ce moment, de l'église libre dans l'état libre, je l'admets volontiers ; mais toujours est-il, qu'il faut à l'école de l'Etat un enseignement religieux, clair, positif, uniforme ; car il est tout à fait impossible de dire quatre mots, d'écrire quatre lignes, sans produire une affirmation ; une phrase *sans verbe* n'est pas une phrase, il faut donc absolument que tout enseignement soit religieux à tel ou tel point de vue ; le douteur même a une religion, vacillante il est vrai, mais il en a une, il se pose des objections qu'il cherche à résoudre en vertu d'un principe. Rappelez-vous ce que je vous ai dit à ce sujet, tous les sophistes du monde n'affaibliront pas mes propositions.

Je le redis donc, il faut que l'éducation publique soit *une*, comme la législation pénale ; car si tous les membres d'une société doivent être responsables devant la loi commune, ils ont droit d'être également enseignés. Cette divergence en ce point est une des principales causes de la décadence des Etats, vous devez savoir que c'est à elle qu'Athènes a dû, en partie, sa chute rapide ;

tandis que c'est par le respect de l'éducation commune que Sparte, une des plus petites peuplades de la Grèce, a défendu la dernière son indépendance.

— Toute cette doctrine, Monsieur, me paraît d'une logique irréfutable, mais il se lève un nuage dans mon esprit. Je suppose que le jésuitisme s'empare de la direction politique, il s'empressera de retourner contre vous les moyens que vous aurez voulu faire prévaloir contre lui.

— Ce ne serait qu'un échec passager. Le jésuitisme ou l'*école aveuglément compressive*, est une des faces les plus caractérisées du mal en ce monde; elle ne peut triompher de la force de l'esprit. Le jour de son succès apparent serait la veille de sa chute par la violence ; le vase éclaterait, la chaleur se trouvant trop concentrée. C'est positivement afin d'écarter ces cataclysmes périodiques que tous les hommes de bonne foi doivent travailler à ouvrir sagement, modérément, les voies nécessaires à l'activité humaine, en cherchant à fonder l'*école expansive*, d'où sortira l'ordre dans le mouvement.

Enfin, je veux que par une éducation et une instruction fortement constituées on inculque à la jeunesse le respect absolu de la loi, émanée des immortels principes de 89; de sorte que cette jeunesse, arrivée à l'âge où elle devient complétement libre, puisse choisir en connaissance de cause, sa direction sociale sur des principes clairement établis. Je voudrais aussi que l'on combattit énergiquement l'indifférence en matière politique; car l'homme indifférent en ce cas, tombe au-dessous de la brute. Je voudrais qu'on fît bien comprendre au travailleur qu'il est impossible de changer les vieilles coutumes comme l'on ferait d'une décoration de théâtre, qu'il a le plus grand tort de désespérer, de s'annuler dans une indifférence coupable, que si ses désirs raisonnables ne peuvent être satisfaits en quelques journées, il y a cependant amélioration certaine dans sa position, car il ne supporterait pas aujourd'hui sans se révolter avec rage deux jours des dures tyrannies que ses ancètres ont essuyées pendant des siècles. Déjà, pour lui, le poids du jour est moins pesant, pour ses enfants il sera encore allégé. Puis, il faut le dire, il serait bon que l'ouvrier interrogeât sa conscience, il verrait qu'il est très-loin d'être étranger aux causes de douleurs dont il se plaint ; il verrait qu'il pourrait s'attirer les critiques les plus acerbes, les plus justifiées, s'il n'avait pour réponse un peu atténuante l'état d'ignorance où on le laisse croupir et les mauvais exemples que les chefs du capital lui fournissent. Dans tous les cas, les flatteurs du peuple sont très-coupables ; leur pauvre auditoire ayant beaucoup plus besoin de conseils que d'éloges. J'ai passé une partie de ma vie avec les travailleurs des champs, j'en ai très-peu vu qui n'aient à la bouche les injures les plus violentes contre tous les gouvernements de fait quels qu'ils fussent ; et quand il s'agissait de choisir de nouveaux mandataires ils restaient chez eux, s'ils osaient, car pour eux l'abstention était du courage, ou ils allaient donner leur appui à ceux qu'ils avaient tant critiqués. — Nous en nommerions bien d'autres, disaient-ils, mais ce serait toujours la même chose, les hommes valent si peu ! Où puisaient-ils cette défaite imbécile, si ce n'est dans la bassesse de leür cœur énervé par une ignorance crasse. Ce qui ne les empêchait pas d'être de plus en plus rebelles à leurs propres intérêts comme à ceux du bon ordre général. Alerte donc, amis des lumières, propageons notre foi au progrès, elle ne pourra jamais faire regretter les ténèbres où un parti de sycophantes veut nous ensevelir pour mieux butiner.

— Oui, monsieur, nous sommes prêts à vous suivre. Il y a peu de temps que j'ai quitté les bancs de l'école, et j'ai déjà pu découvrir une partie des dangers que vous signalez. Sans m'en rendre bien compte, je me suis souvent demandé si cette prétendue liberté d'enseignement n'était pas un piége; si elle n'était pas la source de haines politique, si l'on ne nous élevait pas pour la guerre civile ?

— Vous ne vous trompiez pas, jeune

homme, dans la simplicité de votre cœur, vous suiviez avez inquiétude la politique serpentine des Olygargues s'exerçant à diviser pour régner. Leurs exhortations vous semblaient malsaines, une espèce de vagissement de crocodile attirant sa proie sur son bourbier. Ce n'était pas sans cause. Méfiez-vous de ces doctrines secrètes prenant tous les tons, se faisant chattemite. La vérité est plus simple, elle marche à visage découvert et n'a rien de caché.

§ XI.

PROPRIÉTÉ, ÉCONOMIE, IMPOTS.

— A la vue de ce titre redoutable, je vous vois tendre les yeux et les oreilles du fils d'un bon bourgeois effrayé. Vous sentez que nous allons tailler dans le vif.

— Je vous avoue, Monsieur, que je ne suis pas sans inquiétude.

— Rassurez-vous, vos craintes vont être promptement dissipées. Je les comprends du reste. On nous a tant calomniés à vos yeux, nous pacifiques novateurs, que vous craignez de voir apparaître un monstre, où il n'y a certainement rien de monstrueux, vous allez en juger :

— Pardonnez-moi, Monsieur, cette appréhension. On nous a bercés dans des doctrines si singulières que nous avons bien pu prendre le change sur plus d'un point mal présenté. Vous savez que la paresse intellectuelle de la plus grande partie du peuple est vraiment surprenante, lorsqu'il s'agit de l'examen calme, réfléchi des choses sérieuses ; en effet, cet aimable et facétieux Français est l'antithèse de la logique; tantôt il se jette à l'étourdi dans des transformations sociales sans étudier le but ni les moyens ; tantôt, on croirait qu'il lui est loisible, par son indifférence, de se réduire à la passivité. Cependant, quelque peu de prévoyance, quelque peu de logique qu'il ait, il devrait savoir qu'il ne peut se soustraire aux charges de la société où il vit, que la politique le saisit au berceau et pendant toute son existence l'étreint de tous côtés. Alors, s'il ne veut, ne sait rien contrôler, comment ose-t-il se plaindre qu'à ses yeux tout aille du mal au pire ?

— J'ai donc eu raison de vous dire que l'indifférence en matière politique était la plus stupide des aberrations. Ce serait à n'y pas croire si elle n'était là devant nous offrant son visage pâle, hébété.

— Hélas, pardonnez-nous, je vous le repète, Monsieur, on nous élève si singulièrement dans nos maisons d'éducation. Presque tous leurs élèves sont fils de propriétaires aisés, ils apprennent le latin, le grec ; quant à savoir même cultiver leurs champs, ils n'en savent le premier mot, ils pourraient y mourir de faim. Il s'agit pourtant d'intérêts matériels dont on est habituellement si soigneux, jugez de ce que ce doit être pour des intérêts moraux si déloyalement expliqués. Peut-être craint-on qu'en donnant à la jeunesse, à la partie vive de la nation le goût de l'agriculture, ce *premier des bons arts*, elle ne s'introduise en trop grand nombre dans les campagnes, et ne favorise ainsi l'émancipation des paysans par des rapporis trop fréquents avec eux. C'est prudent, n'est-ce pas? Je sais qu'on apporte à notre instruction quelques améliorations, mais avec si peu de zèle qu'il est permis de faire les plus étranges suppositions.

— Vous ne vous trompez pas, jeune homme, les calculs que vous supposez n'ont point échappé à ces bons maîtres que vous estimez si peu. Cependant, en économie politique, on a dû vous toucher quelques mots de cette fameuse doctrine du *laissez-faire, laissez-passer*, empruntée à l'oligarchie anglaise et adopté en France trop inconsidérément par un libéralisme à vue courte et cœur étroit; car, cette facilité trop étendue du *laisser-faire, laisser-passer* doit dégénérer en glorification de l'habileté individuelle ; et je me sers ici d'un mot honnête pour un autre qui pourrait l'être beaucoup moins : l'eau va toujours à la rivière, dit-on, l'on pourrait rappeler tout aussi bien que l'or es pourvu d'un aimant tel, qu'il se trouverait promptement réuni en quelques mains, si l'on y apportait des tempéraments.

Je ne veux pas dire qu'il ne faille pas laisser à l'initiative privée, à toutes les activités individuelles, la plus large faculté de s'exercer librement, loin de là. Je reconnais ce que la concurrence peut faire naître de fécondes émulations. Je suis grand partisan du libre-échange ; car la liberté en tout et pour tout est le meilleur excitant de la vie. Mais il faudrait que cette concurrence fût éclairée des lumières de l'expérience : ainsi, ce libre-échange dont on a failli compromettre les premiers pas, en l'établissant avec une précipitation que la rage de se singulariser a pu seule expliquer, doit, un jour, faire atteindre à des résultats incalculables, puisqu'il conduit nécessairement aux classements rationnels des produits propres à chaque pays. Le progrès ne consiste pas à demander à un sol qui ne doit produire que du blé noir, un blé de premier choix : l'on peut y arriver, je le sais, par expérience, mais il faut supputer le prix de revient. En somme, il n'y a pas de mauvaises terres, nous dit-on, cela est vrai à un certain point de vue, mais il y a assurément de mauvais cultivateurs, trop curieux de vouloir forcer la nature, lorsqu'ils ne devraient suivre que ses leçons. Evidemment, toute terre est susceptible de produire, le tout est de trouver la denrée qu'il faudrait obtenir dans l'intérêt commun et particulier. Avec les sables de la Loire on a fait des pépites d'or; un louis coûtait cinq cents livres tournois, était-ce un progrès?

Je voudrais donc voir à la tête de la société, un pouvoir fort, honnête, *et il le serait, s'il pouvait être suffisamment contrôlé;* un pouvoir clairvoyant, sympathique à tous, qui fournirait au travail tous les renseignements dont sa position lui permet de disposer ; un pouvoir enfin, qui favoriserait avec sollicitude toutes les transactions possibles, raisonnables entre le capital et le travail, de manière à arriver pacifiquement au règne de l'association, notre seule ancre de salut.

A l'aide de ces moyens, on atténuerait les effets de cette concurrence frénétique dont nous pouvons voir à chaque pas les navrants résultats.

Ce qu'il faut tenter aujourd'hui même, c'est de mettre un frein à ces fortunes scandaleuses, qui ne sauraient être tolérées sans conduire à une catastrophe aussi nuisible à ceux qui possèdent le capital, qu'à ceux qui n'ont que leurs bras.

— Quel moyen voulez-vous donc employer ?...

— Calmez-vous, jeune homme, à votre air de plus en plus surpris, je crains que vous ne me preniez pour un *partageux*. Parlons et écoutons en gens sensés. Qui peut méconnaître le droit de propriété ? Si le droit de vivre est le premier des droits, celui d'acquisition, de conservation des moyens de vivre, n'est-il pas aussi sacré ? Et s'il devait y avoir une propriété respectable entre toutes, ce serait assurément celle que le travailleur des champs arrose chaque jour de ses sueurs, et trop souvent de ses larmes et de son sang. D'ailleurs, en tous lieux, en tous temps, sous des formes diverses, la propriété a été reconnue, respectée. L'abus seul a pu être combattu, comme tous les autres abus, car il est facile de reconnaître que ce droit porterait en soi sa propre négation, s'il pouvait se développer en certaines mains sans bornes, ni loi, au détriment de l'existence du plus grand nombre. On a donc eu raison de dire : « Ce droit doit être borné comme tous les autres par l'obligation de respecter fraternellement les droits d'autrui, il ne peut jamais préjudicier ni à la sûreté ni à l'existence de nos semblables. » — La propriété est un bien acquis en vertu de la loi, a repris un autre constituant, Mirabeau, aux applaudissements du Tiers-Etat et d'une portion de la noblesse.

Il s'est élevé souvent dans les sociétés cette formidable interrogation : « Qui doit succéder au possesseur qui vient de mourir ? » La réponse presque unanime a été : « Celui qui participe le plus du mort par les liens du sang, suivant l'ordre de la nature. » De cette réponse sortit le droit héréditaire, et ce fut une des bases sur lesquelles se fonda socialement la famille, cette chère famille que d'infâmes calomniateurs nous accusent de vouloir détruire.

Enfin le XIXe siècle a si bien adopté la formule émise par la Révolution que, pour première étape, une assemblée de censitaires a consacré sans opposition sérieuse l'expropriation pour cause d'utilité publique, ce qni est la négation directe de ce droit de propriété que les castes, les aristocrates disaient avoir reçu par la *grâce de Dieu.* La propriété n'a donc rien à craindre de la démocratie. Cette injure de *partageux* n'a été inventée que pour faire peur aux idiots. La peur est d'un si grand secours dans ces temps troublés. En tous cas, les treize millions de propriétaires pourraient opposer un obstacle invincible.

Mais que messieurs les ruraux y prennent garde, sont-ils aussi en sureté contre les prudentes et habiles convoitises des partisans du droit divin ? Oh ! je sais qu'on ne voudrait pas les dépouiller inopinément de ce que la Révolution leur a permis d'acquérir : on les caresse même fort en ce moment, on leur fait patte de velours, pourvu qu'après la victoire, l'oligarchie ne cherche pas à compter de nouveau avec eux? d'abord avec douceur, puis avec plus d'autorité. Puis... Puis... parce qu'il est impossible de se refuser longtemps aux conditions de sa nature ; il suffit de réfléchir quelque peu pour se convaincre que le *droit divin* est une menace perpétuelle contre celui du *vilain*.

Oui, paysans, c'est un ancien camarade qui vous le dit en vérité : vous n'êtes propriétaires et libres que depuis cette grande Révolution que vous avez défendue et sauvée par votre courage, quand en 1793 vous quittiez tout pour former nos quatorze armées. Or, le plus vulgaire sens commun doit vous avertir qu'en laissant affaiblir et confisquer peu à peu les principes qui vous ont fait ce que vous êtes, libres et propriétaires, vous ne finissiez par retomber dans l'état bestial où nos pères ont vécu. Je sais que vous êtes convaincus que ce serait un projet tout à fait impossible, je le crois comme vous, mais on le tenterait certainement. Pourquoi, ne pas nous opposer dès aujourd'hui à de douloureuses perturbations, en faisant disparaître des obstacles qui ne doivent plus exister.

— Tout cela me semble fort juste, Monsieur, mais pour éviter un mal, je ne voudrais pas tomber dans un autre.

— Vous ne vous débarrasserez donc pas des vieux errements, des rapsodies dont on cherche à vous effrayer ?

— Sans me laisser aveugler par la routine, il m'est bien permis de vous demander avec embarras, comment vous diminuerez les accaparements trop forts, et qui, je l'avoue, ne sont pas sans dangers.

— Tout ce qui dérange vos habitudes, à vous autres gens qui n'avez jamais connu la gêne, est condamné sans examen. Je vous surprends sans cesse à maudire toute innovation, croire à la fin du monde, parce que la marche du temps dérange vos caducs préjugés. Alors l'harmonie universelle n'aurait enfanté que le désordre, la prescience divine se serait fourvoyée. Sans vous en rendre compte, vous calomniez ce que vous voudriez respecter. Je sais que la plupart des catholiques, qui, au fond, ne croient à rien et ne cherchent à faire de la religion qu'un moyen d'endormir les naïfs, s'effraient beaucoup de l'augmentation de la population, des désirs des travailleurs. Imaginez-vous un Dieu faisant la planète trop petite pour les habitants qu'elle doit contenir ! Tout cela est blasphème et incurie. Soyez plus confiant ; lorsque les principes civilisateurs seront suffisamment appréciés, les moyens de réforme, d'amélioration sur toute face ne manqueront pas. Ne voyez-vous déjà poindre une vivifiante aurore ? Quelle est la caste qui oserait dire qu'elle doit être repue lorsque les autres membres du corps social auraient tout à supporter ? Patience, donc ! tout viendra à son heure, malgré les obstacles les plus pervers. En attendant, examinons la portée d'un de ces moyens réformateurs dont je vous ai parlé, moyen d'une application facile, immédiate avec un peu de bonne volonté : je veux parler de *l'impôt progressif*. En effet, n'est-il pas de toute équité que le riche, qui possède beaucoup, paie plus que le pauvre qui n'a rien? Oh ! n'essayez pas de me répondre avec le bavardage intarissable de la plupart des économistes qui, comme les augures à Rome, ne peuvent se regarder sans rire ; le plus médiocre sens commun est plus fort qu'eux.

— Mais, monsieur, si l'impôt n'est pas progressif dans le sens où vous le voulez, il est au moins proportionnel et satisfait ainsi à ce que vous demandez.

— Très-imparfaitement, je vous l'affirme. Il est vrai que le rentier à vingt mille livres paie un chiffre d'impôt plus élevé que le petit rentier à mille, si l'avoir des deux est en immeubles ; mais l'écart est loin d'être équitablement proportionné, parce que le premier peut très-bien supporter mille francs d'impôts sans être privé du superflu, tandis que l'autre, en payant cinquante francs, peut ressentir les atteintes de la misère.

D'ailleurs, il est de toute évidence que la bonne économie politique consiste à *répartir la richesse publique sur le plus grand nombre de têtes*, afin de favoriser la consommation, stimulant nécessaire de la production, qui est la vraie richesse, la mine intarissable offerte par la grande mère qui nous garde, nous conserve sur son sein généreux.

A l'aide de cet impôt proportionnel et progressif et de prélèvements faits sur les grosses successions dépassant un chiffre fixé, l'on arriverait pacifiquement à mettre des bornes légales à ces immenses fortunes qni sont un grand danger pour la communauté.

De même, toutes les valeurs mobilières sans exception devraient être soumises à l'impôt. N'oubliez pas qu'en ce moment, l'on pourrait être dix fois millionnaire en *fonds d'Etat*, sans presque supporter aucune charge sociale. Oui, mon cher enfant, en l'an de grâce 1871, nous en sommes encore là. Bien plus, les classes qu'on appelle inférieures, qui portent la plus grande partie des charges, notamment celle de l'impôt du sang, ne font que commencer à s'en émouvoir un peu sérieusement. Il a fallu que l'esprit de la Révolution vînt les secouer dans leur torpeur; encore, ne sont-elles pas bien sûres de n'être pas chair à canon par destination; il est vrai que pour se consoler, elles cherchent à s'étourdir par les fumées d'une vaine gloire qui peut flatter un des leurs, sur cent mille délaissés.

§ XII.

EPILOGUE.

— Monsieur, quoique j'aie été élevé par un père imbu de préjugés militaires, j'éprouve un sentiment pénible devant ce faux éclat conquis dans des ruisseaux de sang. Si la guerre peut être quelquefois une douloureuse nécessité, alors il faut la faire, sous les auspices de la justice et avec un élan si irrésistible, qu'une prompte paix en sera la plus heureuse récompense. Je me demande souvent pourquoi les hommes s'éprennent de cette frénésie de s'entr'égorger? Pourquoi, nous Français, si orgueilleux de notre intelligence, nous nous laissons entraîner si facilement à cette cruelle étourderie?

— C'est parce que nous sommes encore trop fils de la terre et pas assez près du ciel où nous devons nous élever. C'est un malheureux reste des instincts carnassiers des premiers âges. Vous savez que l'état de guerre fut celui de toute l'antiquité : l'homme, à son origine, n'ayant été presque qu'un animal, a dû passer par une multitude de phases diverses. Tout d'abord, la force brutale a dû être pour lui le signe de la domination. Des siècles et des siècles se passèrent avant qu'il pût essayer des maximes du droit; il porte donc encore la charge de sa première ébauche. Quoi qu'il en ait été, il n'y a jamais eu pour lui et il ne peut y avoir que deux moyens de satisfaire l'ensemble des besoins de sa nature, la guerre et le pillage, ou la paix et le travail. On ne peut aujourd'hui méconnaître que le dernier moyen ne prenne sur son aîné une supériorité réelle; que le travail ne soit reconnu par la grande partie des hommes comme l'acte le plus moral, puisque ce bienfaisant travail est la fécondité, et la guerre, l'horrible guerre, la destruction.

— Ce qui n'a pas empêché la France qui se pose en supérieure, de s'être jetée dans les bras d'un homme qui a su réunir en lui le génie des batailles et aussi toutes leurs folies.

— Rappelez-vous, mon ami, qu'en toutes choses la nature procède par génération continue. Ce qui naît tient plus ou moins à ce qui a été. C'est bien toujours le même l'homme qui se répète, sur plus d'un côté, la différence, les modifications dans ses aptitudes, dans l'expansion de son esprit ne se produisent pas simultanément en concordance satisfaisante, il doit donc faire usage d'une partie des instruments du passé : il en est de même pour les sociétés qui toutes solidaires doivent se tenir unies à des distances diverses de la nation qui marche en tête.

La Révolution avait fait de la France un *révélateur*, elle l'avait élevée à une hauteur où les autres nations pouvaient à peine l'apercevoir. Le terrain d'une discussion pacifique manquait absolument, il fallait que l'assimilation se fît d'après les vieux errements. Alors, un grand capitaine se trouva là pour faire pénétrer, comme un coin de fer, dans les rangs des adversaires, quelques-uns des principes essentiels empruntés à la Révolution triomphante, à la République française qui, « *comme le soleil, portait malheur à ceux qui ne la voyaient pas* ». Puis, quand le travail fut achevé, le despote égaré dans son égoïsme et qui avait cru fonder une dynastie, disparut de la scène.

Mais, si les peuples répugnent d'autant plus à s'entre-déchirer, les rois ne sont point animés des mêmes désirs. Ils cherchent, au contraire, à raviver les jalousies nationales. Ils parlent bien de paix, de congrès, d'arbitrage, tout ce verbiage n'est qu'un voile jeté sur leurs projets liberticides. Que les populations ne s'y trompent point, les rois ne parlent jamais plus de paix qu'à la veille de faire engager la bataille. Facile diversion. Pendant que les peuples s'entretuent, ils oublient de demander des comptes à ceux qui les gouvernent, c'est l'heure où rois et courtisans font franche lippée. Dans ce but, la conquête par la force, malgré le vœu des populations, n'est faite qu'afin d'entretenir les brandons de discorde, dont on saura profiter en temps opportun. Ainsi, l'occupation de Metz et de Strasbourg, par la Prusse, ne peut rien ajouter à la sécurité de l'Allemagne, loin de là, elle est au contraire une perpétuelle menace. Qu'importe au despote, il y puisera un de ces moyens diviseurs, un prétexte pour recommencer la tuerie, faire précipiter l'un sur l'autre, comme des athlètes dans un cirque, deux grandes nations, dont le génie a créé la carte de l'Europe moderne, O peuples égarés, n'espérez donc qu'en vous, ne consultez que vous, et méfiez-vous des individus couronnés !

Quoiqu'il en soit de ces desseins sinistres, ils pourront ne pas avoir les résultats espérés par leurs machinateurs, et tourner à leur confusion, en provoquant les éléments d'une grande pacification. Peut-être, ce règne du sens commun n'est-il pas éloigné de nous, puisqu'il est déjà tant entrevu, tant désiré. Depuis près de deux mille ans, l'Europe a gémi sous les serres des vautours papalins, féodaux ou monarchiques ; cette étreinte est épuisée, car tout doit finir en ce monde, *même la ville éternelle*. Nous devons toucher au jour de la réparation. Le XXe siècle verra le règne de l'association par la fraternité et celui de la paix par une fédération générale.

Quant à la France, il faut qu'elle se recueille, qu'elle reste calme, impassible, tout en préparant avec adresse et prudence les jours de la revanche qui ne manqueront pas de se présenter : jours qu'elle devra s'appliquer à faire le moins sombres possibles. Pourquoi n'essayerait-elle pas à les rendre tout à fait pacifiques ? Qui oserait dire que nos seuls principes libéraux, sagement appliqués, ne suffiront pas à nous venger, et que ce trône de Prusse, si fier, ne s'affaissera pas dans la solitude ? Non, l'Allemagne n'est point de cœur à la Prusse féodale, elle sera avec la France, quand les deux nations si bien faites pour s'entendre, se compléter, se seront enfin reconnues.

Espérez-donc, mon cher ami, et quoi qu'il arrive, restez toujours attaché à ce que la loyauté de votre cœur, la sagesse de vos études vous indiqueront d'utile, de bon, de sociable. La ligne droite est toujours la plus sûre, la moins rude si vous voulez. On y chemine avec le repos de la conscience ; et devant le mystère de la mort, on est sans crainte, quand on a su vivre sans reproche. Dans votre vie de citoyen, n'ayez jamais recours qu'à l'arme de la raison. Si la violence peut avoir son heure, elle ne sait rien fonder de durable. Croyez-en ma longue expérience, j'ai passé presque toute ma jeunesse au milieu du monde le plus agité : j'y ai puisé l'horreur du désordre. Fuyez, fuyez surtout ces sentines impures, ces antres ténébreux, rendez-vous de la démence, où l'on ne peut conspirer que contre le sens commun. Tout au grand jour, à ciel ouvert, c'est sur ce terrain solide qu'il faut convier les hommes de bonne volonté ; tous ceux que la science des choses de ce monde préoccupent, que l'amour de la justice animent, qui veulent un progrès pacifique, rationnel, des améliorations sérieuses ; tous ceux pour qui la vie n'est pas une vaine agitation de l'animalité dans un cercle fatal ; mais qui, s'élançant fiers et confiants à la conquête du nouveau, du meilleur, croient qu'au jour de l'initiation suprême, Dieu alluma ce feu sacré en nos âmes pour nous servir de flambeau dans le temps et d'attrait vers le but de notre irrésistible activité.

Unissez-vous donc, vrais amis de l'ordre, cœurs compatissants, esprits harmoniens, réunissez vos efforts contre l'irréconciliable ennemie, la hideuse superstition !

Pour moi, je vois s'achever ma tâche presque avec ma vie. Je désire que ceux qui auront bien voulu m'écouter jusqu'au bout n'aient point à s'en repentir. Ils auront au moins pu lire quelques pages qui, si elles sont sans éclat, n'en respirent pas moins l'amour du bien, la haine de l'injuste. A ce titre, elles ne devraient point passer tout à fait inaperçues. Un pied déjà dans la tombe, j'ai dû parler en pleine sincérité, les vaines ambitions d'ici-bas et les illusions juvéniles étant évanouies depuis longtemps devant mes yeux.

Vieil ami de la liberté, je lui suis resté fidèle, sans négliger les dures leçons de la réalité, ni sans acquérir cette *expérience* qu'un *bon consentement* doit éclairer. L'une et l'autre m'ont soutenu dans ma tentative, qui n'a d'autre but que de raviver l'espérance dans quelques cœurs droits, en essayant de les consoler, les enhardir au milieu des douloureuses circonstances où la folie d'un despote nous a précipités. Voilà le principal motif qui m'a engagé à publier ce modeste ouvrage, que je termine comme je l'ai commencé, en me disant toujours dévoué à tes lois, justice du Dieu des bonnes gens !

COMPLÉMENT.

Institutes républicaines, par un Paysan.

En juin 1848, j'adressai au président de l'Assemblée constituante à Paris, le plan de Constitution qui va suivre; en décembre 1871, je renouvelai ce dépôt dans les bureaux de l'Assemblée nationale à Versailles.

Après un court préambule relatif à chaque époque, je disais :

Augustes Représentants,

Ce n'est pas en mon seul nom que je parle, et n'ai certes pas la prétention de vous apprendre ce que, sans doute, vous savez mieux que moi. Mon seul but est de vous faire connaître les préoccupations d'un certain nombre de travailleurs des champs qui, sans vaine ambition, sans parti-pris, élèvent vers vous leurs voix, dans l'espoir qu'elles pourront vous soutenir sur la route vraiment libérale que vous devez suivre.

La Constitution que vous allez fonder aura probablement pour base le vote universel à un degré. Or, nous n'avons jamais pensé que ce fût là le meilleur moyen d'interroger l'opinion nationale.

Après les journées de février 1848, j'ai essayé de faire valoir nos scrupules à ce sujet; mes observations, que je renouvelle aujourd'hui, passèrent inaperçues. Alors je me suis retiré dans la solitude, en prévoyant que le système plébiscitaire ainsi constitué, après avoir fait revivre les saturnales du bas empire, pourrait créer les plus graves embarras à notre infortuné pays !

Me suis-je trompé ? De combien de ruines notre sol n'est-il pas jonché !

Pour réparer ces désastres, pour essayer d'en empêcher le retour, vous me permettrez bien, augustes représentants, de vous exposer le système que je voudrais voir adopter. Vous savez que dans le cadre restreint d'une pétition, il ne peut être donné qu'un aperçu; votre haute sagesse fera le reste.

Nous voudrions qu'on accordât à un grand nombre de communes des limites plus étendues que celles primitivement fixées. Il y a des groupes de deux cents âmes, d'autres en ont des milliers ; cependant, il serait nécessaire que chacun de ces groupes fût assez nombreux pour qu'on pût, au moins, y rencontrer quelques fractions des divers éléments composant la société générale.

La commune ainsi largement constituée, élit pour trois ans son conseil municipal à la pluralité des voix de tous les citoyens âgés de vingt et un ans, sans exception.

Hélas ! dans l'état de pauvreté intellectuelle de l'immense majorité du peuple français, je n'ignore que c'est peut-être encore trop lui demander : mais, il faut tenir compte des faits accomplis, et laisser à chacun, dans une prudente mesure, voix au chapitre. Tel peut être impropre à résoudre une question politique qui pourrait, en connaissance de cause, choisir près de son foyer des administrateurs capables dont il a pu apprécier la clairvoyance, l'honorabilité. Un conseil municipal n'est qu'un conseil de famille et non point une réunion d'hommes d'Etat.

Ce premier degré d'élection doit s'exercer à la commune. Le conseil ainsi constitué, qui élira son chef! Grande question! Suivant nous, c'est le pouvoir exécutif qui doit faire ce choix parmi les membres du conseil; et, dans le cas où il ne pourrait l'y trouver, il le choisirait sur une liste de trois citoyens, qui serait présentée par le conseil d'arrondissement ou par le conseil général, si le premier était supprimé. A l'aide de ce moyen on pourrait souvent réparer une erreur ou un oubli regrettable.

La centralisation a pu être exagérée, il y a des réformes administratives à faire; mais il n'est pas moins nécessaire que, dans une démocratie comme la nôtre, le pouvoir central ait l'œil et la main partout. Il ne doit jamais se former de petits Etats dans l'Etat. Unité, indivisibilité, voilà la devise vraie, si nous voulons conserver et féconder le pacifique mouvement social, et raviver la grandeur de la patrie.

Aussi, c'est de toute notre énergie que nous protestons contre ces funestes doctrines fédéralistes qu'on cherche à faire revivre; car, nous avons toujours pensé que l'une des gloires les plus sérieuses de la Révolution, avait été d'inaugurer victorieusement l'ère des nations, en opposition à celle des castes.

Quant au second degré d'élection, il serait formé de tous les membres des conseils municipaux, auxquels on adjoindrait les capacités reconnues à titre énoncé ; ainsi seraient appelés : magistrats, avocats, notaires, huissiers, greffiers, juges des tribunaux de commerce, de chambre de commerce, de prud'homie, employés des administrations publiques, porteurs de licences ès-droit, de diplômes, de certificats de capacité, de certificats de stage réclamés pour occuper un office, membres du clergé de toutes communions, officiers de terre et de mer; tous ceux qui justifieraient avoir étudié jusqu'à quinze ans au moins dans les établissements scolaires autorisés ; *tous ceux reconnus capables après examen soutenu sur un programme arrêté ;* en conséquence, il serait formé dans chaque chef-lieu de canton, sous la présidence du juge de paix, un tribunal d'admission qui fonctionnerait à des époques déterminées.

Sur cet aperçu, l'on peut juger que notre principal but est de donner pour fondement au droit électoral la capacité intellectuelle et non celle que peut fournir la possession du capital.

Car, — dit excellemment un publiciste célèbre, J. Raynaud, — le légitime empire du monde doit être à l'intelligence et non à la fatalité de l'hérédité, puisque la vie même de l'univers n'est que le triomphe progressif de l'idéal sur le fait. Si Dieu a créé la matière, c'est pour qu'elle soit domptée par l'esprit; s'il a permis le mal, c'est pour qu'il soit vaincu; en définitive, c'est le peuple, c'est-à-dire l'esprit humain qu'il s'agit de représenter, et non le sol ni la richesse. »

Ce deuxième degré d'élection s'exercerait au chef-lieu de canton, et là seulement serait formée l'assemblée nationale, le sénat viager, les conseils généraux et d'arrondissements. Pour faciliter le vote, on pourrait établir des sections dans les communes importantes.

Il est hors de doute, qu'un jour viendra où toutes les élections devront être directes ; mais nous n'en sommes pas là; ne l'oublions point!

L'Assemblée nationale serait renouvelée par moitié tous les quatre ans.

Le Sénat viager se composerait de deux cents sénateurs. Cent cinquante seraient choisis par les comices des départements, les cinquante autres seraient laissés au choix du Pouvoir exécutif sous le contrôle de l'Assemblée nationale et du Sénat, et d'après des conditions déterminées, de sorte qu'il fut facile de réparer des erreurs ou des oublis que les comices auraient pu faire de personnalités supérieures restées à l'écart; la première formation de ce Sénat serait entièrement faite par la voix des comices.

Quant au pouvoir exécutif, un, central, responsable, temporaire, il serait constitué par les votes des deux assemblées réunies à Paris, capitale de là France, et où devraient toujours siéger les assemblées délibérantes, le pouvoir exécutif et les ministères.

Je sais qu'un grand nombre de démocrates repousseront avec ardeur la création d'un sénat. Pour leur répondre, il me faudrait un volume. Je leur ferai seulement observer que la grande République des Etats-Unis d'Amérique n'a certes pas été amoindrie par son sénat, et qu'au contraire, elle y a puisé un puissant moyen de conservation.

En nos temps troublés, à la naissance d'une démocratie qui se cherche encore, n'est-il pas nécessaire d'avoir un pouvoir modérateur, conservateur, où l'expérience, la continuité de vue, puisse tempérer les impatiences compromettantes des fils des fougueux Gaulois. Sur cette vieille Europe, ne faut-il pas que la France vive en rapport continuel avec de nombreux voisins? Dans cette situation, comment offrir les garanties de conservation des traditions, de respect des traités, s'ils sont sans cesse menacés, en présence de pouvoirs essentiellement mobiles, sans contre-poids.

En vain, voudrait-on présenter comme objection sérieuse, ces conflits auxquels deux assemblées peuvent donner lieu ; car, je crois, qu'il serait facile d'y porter remède ou de les atténuer singulièrement.

Le sénat, sans avoir la plénitude des pouvoirs de l'Assemblée souveraine, pourrait partager avec elle le droit d'initiative pour la présentation des lois ; la faculté d'observation sur celles qui lui seraient présentées sans qu'il pût les entraver par un *veto*.

Telles sont les bases de la constitution républicaine que j'ai l'honneur de soumettre à vos réflexions; si elles ne sont pas à l'abri de toute critique, au point de vue d'une logique abstraite, bien plus qu'à celui d'une pratique facile, immédiate, je n'en crois pas moins être dans le vrai, dans le bon sens de la réalité des choses; et, fort de ma droiture, je ne crains pas de répéter devant vous le mot du législateur antique : « Si je n'ai pu vous présenter les meilleures lois qu'on puisse faire, je vous offre les moins mauvaises que nous puissions supporter *actuellement.* »

Dans tous les cas, vous devez vous opposer à la restauration éphémère d'une monarchie impossible. L'élite de la France n'est pas seule à la repousser, le monde entier gravite vers la forme républicaine : vous ne devez pas y mettre obstacle ; vous ne devez pas refuser à une nation malheureuse, mais encore puissante dans ses aspirations, le consolant destin d'être toujours en Europe la grande initatrice pour la recherche du nouveau, du meilleur ; aussi, vous proclamerez la République une et indivisible :

Vous paraissez l'avoir compris, augustes représentants, achevez votre œuvre et agréez....

TABLE.

	Pages.
Préface	5
Prolégomènes	24
De l'Homme, de sa Religiosité	41
Liberté, Fraternité, Égalité	64
Du Libre arbitre	79
De l'Egoïsme	90
Du Progrès	96
De la Morale	110
Egalité, Vérification, Souveraineté	116
Du Pouvoir	126
De l'Éducation, de l'Instruction	154
Propriété, Économie, Impôts	176
Épilogue	190
Complément	199

Orléans. — Imp. Rabier.

Orléans. — Imp. RABIER, rue de la Hallebarde, 19

www.ingramcontent.com/pod-product-compliance
Ingram Content Group UK Ltd.
Pitfield, Milton Keynes, MK11 3LW, UK
UKHW012029240726
13965UKWH00002B/669